52 devocionais para mães

FORÇA e FÉ

Cuidando-se para cuidar

Publicações
Pão Diário

52 devocionais para mães

FORÇA
e
FÉ

Cuidando-se para cuidar

Melina Pockrandt Robaina

Força e fé — Cuidando-se para cuidar
por Melina Pockrandt Robaina
©Publicações Pão Diário, 2024
Todos os direitos reservados.

Coordenação editorial: Adolfo A. Hickmann
Preparação do texto e revisão: Rita Rosário, Giovana Caetano, Lozane Winter
Coordenação gráfica: Audrey Novac Ribeiro
Projeto gráfico e capa: Rebeka Werner
Foto da capa: ©Freepik por @HelloDavidPradoPerucha

Dados Internacionais de Catalogação na Publicação (CIP)

ROBAINA, Melina Pockrandt
Força e fé — Cuidando-se para cuidar
Curitiba/PR, Publicações Pão Diário

1. Vida cristã   2. Espiritualidade   3. Maternidade   4. Criação de filhos

---

Proibida a reprodução total ou parcial, sem prévia autorização, por escrito, da editora.
Todos os direitos reservados e protegidos pela Lei 9.610 de 19/02/1998.
Permissão para reprodução: permissao@paodiario.org

Exceto quando indicado o contrário, os trechos bíblicos mencionados são da edição Nova Versão Transformadora (NVT) © Editora Mundo Cristão, 2016.

Publicações Pão Diário
Caixa Postal 9740
82620-981 Curitiba/PR, Brasil
publicacoes@paodiario.org
www.publicacoespaodiario.com.br
Telefone: (41) 3257-4028

HL282 • ISBN: 978-65-5350-530-8

1ª edição 2024

Impresso no Brasil

CARTA À LEITORA

Olá, querida mamãe!

Que alegria saber que este livro está em suas mãos. Isso significa que você deseja cultivar o seu relacionamento com o Senhor. O tempo devocional – em que nos dedicamos a buscar a Deus, orar, ler a Bíblia, meditar nas Escrituras e encontrar sua aplicação para o dia de hoje – é essencial na caminhada cristã. É um momento em que podemos buscar ajuda divina, sermos orientadas pelo Espírito Santo e fortalecidas por Sua graça.

E sabemos que, em meio às fraldas e papinhas, lições de casa e madrugadas sem dormir, beijinhos em dodóis e brincadeiras no chão da sala, toda mãe precisa de ajuda. Mas não dependemos de uma ajuda humana, mas divina; podemos contar com a graça que vem de Deus. Foi essa graça que nos salvou e continua sendo poderosa em nossa vida, sendo suficiente para nos sustentar em nossos maiores momentos de fraqueza e orientar tanto nos dias fáceis quanto nos mais desafiadores.

Quantas vezes já orei para Deus: "Senhor, não sei o que faço nessa situação com minha filha", "Deus, estou exausta demais para mais um dia", "Pai, ajuda-me a ser uma boa mãe". E Ele nunca me desamparou. Muitas vezes, tento explicar o que significa trocar o fardo com Jesus, respondendo ao convite que Ele faz aos "cansados e sobrecarregados" (Mateus 11:28), e me faltam palavras. Não sei exatamente como isso acontece, só sei que Ele sempre me dá o descanso que preciso, um refrigério que não vem de uma diminuição de tarefas exteriores, mas de um renovo profundo em meu espírito.

Como mãe de três (nesse momento, uma adolescente, uma criança e um bebê), sei exatamente como podemos nos envolver em tantas atividades no dia a dia a ponto de não conseguirmos nos dedicar ao tempo devocional. Contudo, também entendo o quanto isso é importante. E eu tenho certeza de que você também sabe.

Porém, por mais necessitadas que estejamos, parece que não temos disponibilidade para nos dedicarmos como gostaríamos à oração e à meditação bíblica. E, quando conseguimos alguns minutos em nossa rotina frenética, pode parecer que não aproveitamos ao máximo esses momentos. Nessa hora, um livro devocional a ajudará a concentrar-se e a otimizar cada instante na presença de Deus.

Minha oração é que esse livro aproxime você de Deus, ajudando-a a conhecer mais o seu Pai celestial e o que a Sua palavra diz para nós hoje. Você irá notar que as reflexões trazem algumas aplicações bem práticas e necessárias para a nossa vida cotidiana e abordam aspectos relacionados a nossa própria vida com Deus, nosso lar e a educação de nossos filhos. Esse é um devocional para as mães que estão ensinando no caminho e reconhecem a necessidade de parceria com Deus para realizar essa tarefa.

Com carinho,

Melina

PERGUNTAS FREQUENTES SOBRE DEVOCIONAL

O que é um devocional?

Devocional é um termo que usamos para denominar o tempo dedicado a Deus em oração e leitura da Palavra. Recursos devocionais (como esse) têm o objetivo de trazer uma reflexão e aplicação de um trecho bíblico, contribuindo para esse momento com o Pai.

Como programar o devocional?

Não existe regra. O ideal seria manter sempre um tempo reservado no mesmo horário para que seja inegociável, mas a vida de mãe pode complicar esse cenário. Portanto, faça o que é possível para que todos os dias você mantenha o seu momento com Deus.

Como preparar-se para o devocional?

Cada pessoa tem um jeito preferido de fazer seu devocional. Alguns ouvem música, pegam uma xícara de café, sentam-se em uma varanda. Não existe uma maneira certa, apenas a atitude interior de humildade e desejo de encontrar-se com Deus. Minha única indicação é que você sempre ore pedindo para o Espírito Santo lhe falar por meio do material utilizado.

O que fazer depois de ler o livro?

Este livro é só uma ferramenta para o tempo devocional. Você pode fazer anotações acerca do que aprendeu com ele, destacar o que leu na Bíblia e as percepções espirituais em suas orações. Ao final de cada capítulo, você encontra algumas perguntas para ajudar a refletir na mensagem que leu.

Posso fazer o devocional em grupo?

Ainda que o devocional seja um momento pessoal com Deus, é possível ampliar essa prática e compartilhar essas reflexões com mais pessoas. As perguntas reunidas no final de cada meditação podem ser usadas para discussão em clubes de leitura, pequenos grupos e outras ações coletivas.

SUMÁRIO

Fardo 11

Filha 15

Santidade 18

Receita 22

Forte 26

Fruto 29

Beleza 33

Estações 37

Amor 41

Alegria 45

Bondade 49

Paciência 53

Mansidão 57

Histórias 60

Flechas 63

Plantio 67

Obreira 70

Padrão 73

Corpo 77

Fome 81

Misericórdia 85

Intercessão 88

Jejum 92

Memória 96

Tesouro 99

Descanso	102
Família	105
Milagres	108
Livre	111
Guia	114
Obediência	118
Colheita	122
Raízes	126
Perfeição	129
Conselho	132
Sabedoria	135
Imutável	138
Coração	141
Renovação	145
Professor	148
Edificar	151
Paz	154
Presente	158
Suporte	161
Perdão	165
Controle	168
Trabalho	171
Contentamento	175
Oração	179
Louvor	182
Servir	185
Progresso	189

FARDO

Como pastor, ele alimentará seu rebanho; levará os cordeirinhos nos braços e os carregará junto ao coração; conduzirá ternamente as ovelhas com suas crias.

Isaías 40:11

Quando a Ana Júlia, minha filha do meio, estava prestes a completar 1 ano, decidi fazer uma festinha em casa. Como amo comemorar essas datas, encomendei as comidinhas e fui ao mercado com ela e a irmã para comprar algumas coisas que faltavam. Já na fila do caixa, olhando para as minhas compras no carrinho, achei que seria melhor buscar mais uma garrafa de refrigerante. Mas eu já tinha começado a passar as compras e a bebê estava no carrinho.

Em meio àquela dificuldade de não poder estar em vários lugares ao mesmo tempo (ainda acho que essa deveria ser uma habilidade de todas as mães), perguntei se a Manuela, com seis anos na época, achava que poderia pegar para mim. Eu tinha no carrinho, alguns fardos de diferentes refrigerantes. Então, apontei para aquele que ela deveria buscar num corredor ali perto. Era para ser muito rápido, mas a menina começou a demorar e demorar. Eu, na beira do caixa, comecei a ficar muito angustiada. Ela saíra da minha vista por apenas alguns instantes, mas esses instantes começaram a se delongar. No meu coração de mãe, já pareciam horas.

Com um olho no peixe e outro no gato, afastei-me um pouco da Ana Júlia no carrinho para observar o corredor onde a Manuela deveria estar. E, de repente, a vi. Ela estava vindo e carregando um fardo com seis garrafas de 2 litros de refrigerante! Para mim, adulta, esse já é um grande peso, imagine para uma criança pequena. Ela fazia força, levantava o fardo, andava alguns passos e, então, parava e recolocava no chão porque não conseguia mais carregar. Eu, quando vi a cena, quase chorei de dó — e confesso que fiquei um pouco chocada porque ninguém se ofereceu para ajudá-la no meio do caminho.

Fui até ela e disse que era só uma garrafa e não o fardo todo! Ela me olhou com aquela cara de quem não entendeu e só quis fazer o favor. E eu completei perguntando: "filha, você realmente acha que eu pediria algo tão difícil para você? E, ainda que eu tivesse pedido, na hora que você viu que estava muito pesado, você deveria ter me pedido ajuda". Claro que ela tinha a melhor das intenções de cumprir um pedido e me agradar, mas era necessário que reconhecesse suas limitações. E, sim, eu sei que eu também precisaria ter me comunicado de maneira mais específica.

Em nossa vida, muitas vezes agimos como a Manuela. Queremos carregar um fardo que nos sobrecarrega muito além de nossas forças e achamos que é a vontade de Deus. Sofremos com o cansaço físico de tentar conciliar diversas reuniões na igreja, o trabalho fora de casa e a criação de nossos filhos. Almejamos uma casa impecável e uma rotina de exercício física insana que não se encaixam em nossa vida de mãe neste momento. Sofremos até mesmo porque desejamos ter um tempo devocional ideal (e, muitas vezes, irreal), como se o amor de Deus sobre nós fosse proporcional ao tempo que passamos orando ou quantos capítulos da Bíblia lemos por dia.

Quando sentimos que não estamos conseguindo carregar o fardo, precisamos nos questionar: será que realmente foi isso que Deus pediu? Mas, se for a vontade dele, se realmente Ele estiver chamando você para determinadas tarefas, rotinas e funções, não há nada que Ele peça para você fazer sozinha. O Senhor oferece ajuda e apoio para realizarmos qualquer coisa de maneira mais leve e contente. E isso inclui ministérios e funções na igreja? Sem dúvida. Mas também, e principalmente, a sua função diária de cuidado com os filhos que Ele deu a você.

Não devemos ter medo ou vergonha de dizer: "Pai, eu não estou dando conta. Está muito difícil", "Senhor, não sei se conseguiremos vencer o desfralde", "Jesus, meus filhos só podem estar fazendo um experimento científico para ver em quanto tempo me tiram do sério". Algumas vezes, seremos como Pedro após andar sobre as águas, tudo o que sairá de nossa boca no meio da tempestade de brinquedos, birras e lições de casa será pedir "Senhor, salva-me" (Mateus 14:30), e Ele irá ouvir.

Jesus sempre oferece as forças dele para nós vivermos de maneira plena e abundante. Há uma graça suficiente para todas nós e para qualquer situação. O nosso papel é largar o fardo de refrigerante no chão e chamarmos por Ele; estarmos conectadas a essa fonte eterna de sustento, encorajamento, esperança e instrução. É, por isso, que você está com esse devocional em mãos; para não desistir do seu relacionamento com Deus, pois é Ele que sustenta e torna possível todas as outras coisas.

Concluo com uma frase de C. S. Lewis: "Não é o peso da carga que o derruba. É o modo como você a carrega". Ele não chamou você para coisas que serão sempre leves e tranquilas; haverá muito esforço pelo caminho. Com certeza, também não a chamou para fazer as coisas sozinha! É Ele quem tem tudo o que você precisa para cumprir sua missão.

Querido Deus, sou grata por me guiares com amor e força em minha missão nessa terra. Ajuda-me a fazer o que o Senhor realmente quer de mim, não me sobrecarregando com aquilo que não vem de ti. Mas, mesmo nas tarefas que me confiaste, que eu possa cumpri-las sem me afastar da Tua suficiente graça!

Para refletir

1. Existem compromissos fora da sua casa que estão consumindo suas energias? Você já parou para analisar se algum deles deve ser abandonado temporária ou permanentemente?

2. Dentro de suas funções como mãe, quais são os aspectos que lhe parecem mais exaustivos?

3. Há tarefas ou funções que podem estar mais exaustivas pelo excesso de cobrança que você tem em si mesma?

4. Você já notou que precisa mudar sua atitude interior ao se envolver com tarefas exaustivas da maternidade?

5. Com que frequência você pede a ajuda de Deus para lidar com situações cotidianas da vida em família e maternidade?

FILHA

Mesmo antes de criar o mundo, Deus nos amou e nos escolheu em Cristo para sermos santos e sem culpa diante dele. Ele nos predestinou para si, para nos adotar como filhos por meio de Jesus Cristo, conforme o bom propósito de sua vontade. Efésios 1:4-5

Lembro-me bem de quando decidi ter a minha segunda filha, a Ana Júlia. Minha filha mais velha já tinha mais de quatro anos, eu e meu marido estávamos saindo de uma fase turbulenta de nosso casamento e entrando em um momento de calmaria, reconexão e restauração sob a graça de Deus. Parecia o momento ideal para tomarmos essa decisão.

Sentamo-nos para conversar sobre isso e eu fiz questão de lembrá-lo de todos os desafios que um bebê traz à casa. E ele estava mais animado com a ideia do que eu com as mudanças que teríamos que fazer em nossa rotina como resultado dessa decisão. Sete anos depois, tivemos a mesma conversa quando decidimos engravidar da nossa caçula, a terceira bebê. Entre os tópicos, estavam itens como: "eu preciso que você seja mais proativo nos cuidados com o neném", "eu vou chamar você nas madrugadas", "precisamos fazer uma pequena reforma nos quartos" e até mesmo, algo bem específico da nossa casa: "você vai parar de usar protetor auricular para dormir", uma mania do meu marido desde que nos casamos. Não éramos mais pais de primeira viagem, então, sabíamos claramente acerca das noites maldormidas, gastos financeiros e desafios na criação de filhos. E, mesmo assim, decidimos ter nossa segunda filha e, depois, a terceira.

Obviamente, como cada criança é diferente e cada época da nossa vida também, algumas coisas foram mais fáceis e outras muito mais difíceis do que nós prevíamos. Mas, ainda assim, mesmo que hoje pudéssemos voltar no tempo, com todo conhecimento de tudo que já passamos com nossas três filhas, diríamos *sim* a cada uma delas. Não desistiríamos de tê-las em nossa vida, não importando os desafios intrínsecos.

Deus, Senhor do tempo, está fora da história. Ele conhece cada um de nossos dias — do começo ao fim — e, portanto, nunca é pego de surpresa por nenhum de nossos atos. Onisciente, conhece todas as coisas: passado, presente e futuro. Quando Ele decidiu criar Adão e Eva, Ele já sabia que haveria o pecado e que seria necessário um plano de redenção. Quando Jesus morreu na cruz, Ele já sabia que muitos seguiriam pecando, longe dele, e que iriam até mesmo zombar de Seu nome. Quando Ele chamou você e decidiu adotá-la como filha, já sabia de cada um dos erros que você cometeria e das vezes que desobedeceria a Ele.

Cada murmuração, cada momento de ira, cada ingratidão, cada pecado, cada tropeço seu... nada disso fez com que Deus mudasse de ideia a seu respeito: Ele continuou decidindo amar você e adotá-la como filha. Ah, como é grande esse amor, que nos amou "quando ainda éramos pecadores" (Romanos 5:8; veja também 1 João 3:1).

Essa convicção deveria gerar alguns sentimentos em nós. O primeiro, é claro, de paz; nós temos paz com Deus mesmo nos momentos em que não nos sentimos merecedoras de Seu amor. Afinal, é pela graça dele e não por nada que possamos fazer ou deixar de fazer. Em segundo lugar, uma gratidão imensa por essa graça imerecida que, por fim, leva ao desejo profundo de manter um relacionamento com o Senhor, agradando Seu coração, conhecendo o Seu caráter e obedecendo aos Seus comandos.

Somos chamadas para fazer parte da família do melhor e mais amoroso Pai. Você é amada e foi escolhida para ser filha de Deus. Nunca esqueça desse tão grande e maravilhoso amor!

Deus, muito obrigada por teres me escolhido para ser Tua filha, mesmo com minhas falhas e erros. Que nunca me deixes esquecer desse Teu grande e imensurável amor. Que eu possa retribuir com o meu amor e minha devoção todos os dias da minha vida. Meu coração é Teu, meu Pai amado!

Para refletir

1. Você já se sentiu não merecedora do amor de Deus por causa de seus comportamentos ou atitudes erradas?

2. Como você pode agir para que a convicção do perdão de Deus esteja sempre em sua mente e coração?

3. Escreva ou conte para alguém o relato da sua conversão e note o quanto você não era merecedora do amor de Deus e, mesmo assim, Ele a chamou para si.

SANTIDADE

Lembrem-se de que o Pai celestial, a quem vocês oram, não mostra favorecimento. Ele os julgará de acordo com suas ações. Por isso, vivam com temor durante seu tempo como residentes na terra.

1 Pedro 1:17

Portanto, como filhos amados de Deus, imitem-no em tudo que fizerem. Efésios 5:1

Aqui em casa, temos a clássica frase "na nossa família não é assim", prima da "você não é todo mundo". Usamos esse argumento quando as crianças querem dar o exemplo de algum amiguinho ou amiguinha para pedirem autorização de algo que é contrário às nossas regras ou não se encaixam em nossos valores. Normalmente, não é um pecado ou algo grave, porque, na maioria das vezes, as mais velhas já conseguem discernir o mal e não o desejam. São coisas simples, como um programa de TV que todo mundo está assistindo, mesmo não tendo a classificação etária indicada, ou uma flexibilização do horário de dormir.

Posso listar outras inúmeras situações em que precisei usar esse argumento com as minhas filhas: coisas nada saudáveis que as crianças levam de lanche para a escola, as roupas que mesmo os conhecidos da igreja vestem e que "mostram demais", livros que querem ler, etc. Um exemplo clássico foi o celular. Enquanto víamos crianças de 6 e 7 anos com acesso livre ao *smartphone* e redes sociais, minha filha demorou para ter o seu e, já adolescente, segue com limite de tempo para cada aplicativo e o uso geral do dispositivo. A nossa família tem o seu jeito de fazer as coisas; nem sempre o mais popular, admito, mas o que se adequa dentro do que entendemos ser o melhor para a nossa saúde física, emocional e espiritual.

Recentemente, estava assistindo a um seriado, e o personagem adotou uma adolescente. Em um momento de discussão, ele usou essa mesma frase "nessa família, não é assim que funciona". E, ao ver essa cena, refleti sobre o quanto uma família é muito mais do que um DNA. Fazer parte de uma família diz respeito também a ter um mesmo código de conduta, maneira de ver a vida e de se relacionar com os outros.

São os jogos preferidos, a maneira de lidarmos com as telas, o respeito que damos aos professores e as outras autoridades civis, os palavrões que não falamos e certas músicas que evitamos. Buscamos encucar essa maneira de viver de maneira tão intensa em nossas filhas de forma que elas sejam reconhecidas por seu jeito de agir, "ah, é filha dos Robaina mesmo". Reconhecemos, obviamente, que nosso padrão não é perfeito e estamos sempre buscando melhorar, mas naquilo que acreditamos ser certo, firmamos o pé e não negociamos.

No relacionamento com Deus não é diferente! Fomos adotadas por Deus, somos filhas dele e, agora, como parte dessa família, devemos viver de maneira apropriada e adequada ao Seu código de conduta. Como Jesus mesmo orientou: "Portanto, sejam perfeitos, como perfeito é seu Pai celestial" (Mateus 5:48).

A Bíblia nos ensina qual é o "padrão de comportamento da família celestial". Mais do que simplesmente ler e conhecer esses códigos, devemos nos comprometer em caminhar sobre eles, em um processo de santificação progressiva. As Escrituras apresentam o comportamento esperado dos filhos da luz e sobre o esforço na carreira cristã para que, pela graça divina, abandonemos o estilo de vida ímpio e os prazeres pecaminosos, neste mundo perverso (Tito 2:11-14).

Assim, fica claro na Palavra de Deus que não podemos achar que é coerente ser parte da família de Deus, mas fazer o que "todo mundo faz". Não deve haver em nosso meio fofocas, grosserias, palavrões, ódio, ressentimento. Paulo alerta a igreja de Éfeso para que não haja nem mesmo menção de imoralidade sexual (Efésios 5:3-7). Ainda mais, além de nossas ações e palavras, até mesmo nossa mente deve ser renovada para que não tenhamos mais a mesma forma de pensar do mundo (Romanos 12:1-2).

Por mais que estejamos imersas em uma sociedade permeada por verdades relativas e que busca o próprio prazer e bem-estar acima de tudo, "na nossa família celestial, não fazemos assim". Buscamos agradar a Deus, servir ao próximo e nos desgastar por amor aos outros e fazer todas essas coisas com humildade e contentamento.

Para nos ajudar, temos um irmão mais velho que deixou o modelo e o caminho para trilharmos. Que tenhamos um coração sempre parecido com Jesus e andemos de forma a sermos reconhecidas como filhas de Deus!

Espírito Santo, perdoa-me por _____. Ajuda-me
a vencer esse pecado para que eu viva de maneira digna da salvação
que me foi dada e seja mais parecida com meu Pai!
Obrigada por me adotares na família celestial e deixares claro
para mim o modelo de comportamento a seguir.

Para refletir

1. Você vê em sua vida comportamentos e atitudes que precisam ser deixados para trás, que não são coerentes com a cosmovisão bíblica?

2. Para você, a santificação é um privilégio ou um peso?

3. Ainda há pensamentos que precisam ser transformados e renovados? Por exemplo, uma visão antibíblica errada sobre maternidade ou casamento. Se sim, converse com alguém sobre isso.

RECEITA

A lei do SENHOR é perfeita e revigora a alma. Os decretos do SENHOR são dignos de confiança e dão sabedoria aos ingênuos. Os preceitos do SENHOR são justos e alegram o coração. Os mandamentos do SENHOR são límpidos e iluminam a vida. O temor do SENHOR é puro e dura para sempre. As instruções do SENHOR são verdadeiras e todas elas são corretas. São mais desejáveis que o ouro, mesmo o ouro puro. São mais doces que o mel, mesmo o mel que goteja do favo. São uma advertência para teu servo, grande recompensa para quem os cumpre. Salmo 19:7-11

No auge dos meus 35 anos, resolvi aprender a fazer pão. Comi na casa de uma amiga e, ao elogiar a refeição, ela me garantiu que eu conseguiria fazer em casa também. Topei o desafio. Mesmo sem experiência alguma em panificação e com pouca prática na cozinha, fiz e ficou muito gostoso. Gostamos tanto aqui em casa que cheguei a fazer umas cinco vezes em um período de duas semanas. Na terceira ou quarta vez, eu já não precisava mais olhar a receita; tinha decorado quantidades, ingredientes e modo de fazer.

Mas, então, fiquei um tempo sem fazer o pão e, algumas semanas depois, quando decidi voltar à receita, não consegui preparar sem ler as instruções que minha amiga tinha me passado. Não foi preciso muito tempo para que eu me esquecesse dos passos básicos, mesmo que os pães já tivessem sido feitos muitas vezes.

Muito mais importante que pão é a forma como conduzimos a nossa vida diante de Deus e dos outros. As nossas ações, pensamentos e emoções têm o potencial de nos aproximar ou afastar de Deus e, por isso, precisamos levar a sério as diretrizes que recebemos dele para vivermos da melhor forma. E felizmente, temos todas essas instruções claras e disponíveis a nós.

A Palavra de Deus é vista por muitas pessoas como um conjunto de regras que nos limitam, quando, na verdade, é o oposto: uma série de limites que nos protegem e nos fazem alcançar o máximo do nosso potencial, vivendo o melhor da vida em segurança e de acordo com os padrões divinos. Entender isso é um sinal de maturidade.

Hoje, com uma filha adolescente, tenho a alegria de ouvi-la dizer, muitas vezes, que entende os benefícios dos limites que eu colocava para ela na infância. À época, ela não gostava, mas hoje compreende o quão bem eles fizeram a ela. Uma criança de cinco anos nem sempre entende por que não pode ver televisão o dia todo ou por que não dá para comer bolo de chocolate em todas as refeições. Mas, nem por isso, nós, pais, iremos negociar os limites que são necessários para o seu bem. Da mesma forma, nosso Pai celestial que entende mais do que jamais poderemos compreender, estabelece limites que são bons para nós, ainda que nem sempre façam sentido de imediato. E essas diretrizes estão presentes na Bíblia; cada uma delas tem o seu motivo e importância.

Eu não gosto de sovar o pão por 10 minutos ou ter que deixar a massa descansar, mas sem esses detalhes o resultado não será o melhor. Tal como uma receita tem sua função na cozinha, as instruções de Deus nos ensinam como alcançar a plenitude da vida. Porém, da mesma forma, se não estivermos lendo, relendo e colocando em prática, podemos nos esquecer das tão valiosas ordenanças do Senhor!

Por isso, é tão importante que tenhamos contato diário com a Palavra de Deus: ler a Bíblia, meditar sobre versículos, memorizar trechos são disciplinas espirituais essenciais a todo cristão. Podemos seguir usando a figura da receita do bolo. Em um primeiro lugar, a compreensão é racional: entendemos claramente e colocamos em prática cada instrução. Mas, quando nos relacionamos com a Palavra de Deus, também nos submetemos a uma ação espiritual que não compreendemos plenamente. Ela produz algo dentro de nós que não podemos explicar, tal como o pão que cresce pela harmonia perfeita entre os ingredientes, ainda que nós, leigas em reações químicas, não entendamos exatamente os detalhes desse processo. A aplicação da figura do pão, entretanto, não é perfeita, obviamente. Esses dias, comprei uma máquina de fazer pão, da década de 1990, numa *garage sale* (bazar particular). Coloquei todos os ingredientes conforme as instruções do manual e, 4 horas depois, ao abrir a tampa, tive uma triste constatação: o pão não cresceu. No caso da Palavra de Deus, isso não acontece. Toda dedicação em ler, conhecer e estudar a Bíblia com um coração humilde e desejoso por Deus resultará em uma ação transformadora e maravilhosa do Espírito Santo em nossa vida. Isso porque toda a Escritura é inspirada e poderosa para nos ensinar o que é verdadeiro, e nos fazer perceber o que não está em ordem em nossa vida. As Escrituras nos corrigem quando erramos e nos mostram como fazer o que é certo. E é desse "pão" que vivemos: toda palavra que vem da boca de Deus (Mateus 4:4).

Senhor, sou grata por Tua Palavra revelada que me ensina o caminho da vida. Que eu possa sempre amar mais e mais as Tuas ordenanças e colocar Tuas instruções em prática na minha vida com alegria e a certeza dos bons frutos que o Senhor produzirá.

Para refletir

1. Qual é o tempo diário que você dedica à Palavra de Deus? Você está satisfeita?

2. Você já leu a Bíblia inteira ou sabe sobre o que falam os seus 66 livros?

3. Como você pode melhorar o seu relacionamento com a Bíblia a partir de hoje?

4. Desenvolva o hábito de memorizar versículos bíblicos. Que tal começar com 2 Timóteo 3:16-17?

FORTE

Pelo contrário, tem prazer na lei do Senhor e nela medita dia e noite. Ele é como a árvore plantada à margem do rio, que dá seu fruto no tempo certo. Suas folhas nunca murcham, e ele prospera em tudo que faz. Salmo 1:2-3

Por isso digo: deixem que o Espírito guie sua vida. Assim, não satisfarão os anseios de sua natureza humana.
Gálatas 5:16

Há uns 10 anos, aproximadamente, uma amiga me chamou para participar de uma corrida de 5 km. Eu nunca tinha corrido, andei boa parte do trajeto, achei que iria morrer em alguns momentos, mas me apaixonei. Hoje, minha atividade física favorita é correr. Não sou uma exímia corredora e meu tempo não é dos melhores, mas procuro sempre que possível incluir alguns treinos na minha rotina semanal. Quem me vê falando sobre isso ou compartilhando as minhas corridas pode até pensar que eu seja uma *baita* atleta, mas não é verdade. Meu ritmo é bem mediano e, muitas vezes, eu vou só por disciplina e não por vontade.

Um dia, resolvi entrar na academia porque aprendi que desenvolver força é essencial para viver com autonomia até a velhice. No primeiro dia, um professor me chamou para passar um treino personalizado. Quando eu lhe disse que gostava de correr, ele perguntou-me as distâncias e com que frequência eu corria. Confesso que enchi a boca para dizer que corria entre 30 e 40 km por semana, às vezes mais. E ele só respondeu: então você precisa ficar mais forte. Explicou quais grupos musculares específicos eu deveria treinar e certificou-me de que isso melhoraria a minha performance, mas principalmente preveniria lesões, muitas delas causadas pela fraqueza de alguns músculos. Na vida cristã, não é diferente. Muitas pessoas podem olhar para nós e apreciar a nossa performance espiritual ou, pelo menos, aquilo que podem enxergar. Quem sabe nós mesmas avaliemos o nosso espírito como forte para suportar as corridas da vida, sem notarmos que, na verdade, ele está enfraquecido em certas áreas.

Fortalecer nosso espírito é uma atitude que realizamos todos os dias por meio do exercício correto: oração, leitura da Bíblia, meditação, louvores e adoração. O tempo devocional é o tempo de fortalecer o nosso espírito para que possamos estar firmes diante da "maratona" da vida. Tanto para melhorarmos a maneira de vivê-la quanto para evitar que sejamos feridas na jornada. Quando formos pegas desprevenidas por situações difíceis, teremos força espiritual para direcionar os nossos pensamentos, sentimentos e atos em obediência a Deus e não de acordo com aquilo que nossa vontade humana quer.

Assim como um músculo que muitas vezes não está aparente, mas foi devidamente fortalecido; há momentos em que não sentimos nada de especial, porém nosso espírito está sendo forjado para responder de maneira adequada nos momentos de necessidade. Mantendo nossas raízes conectadas aos ribeiros de água, seremos como árvores que dão fruto no tempo certo porque estão bem nutridas.

Nós, mães, sabemos bem o que é uma criança nos tirando do sério com uma birra ou uma desobediência, não é mesmo? Quem nunca perdeu a paciência na hora de fazer lição de casa ou ao entrar no quarto que deveria estar arrumado, mas parece uma cena de guerra? São em momentos desafiadores do cotidiano que nosso espírito precisa estar forte para que possamos ser mais parecidas com Jesus e, assim, manifestarmos o caráter de Cristo, testemunhando a verdade onde estamos.

A Bíblia diz que nos tornamos nova criação (2 Coríntios 5:17), porém a velha natureza está sempre querendo vencer. É uma luta constante entre o espírito, que tem prazer na lei de Deus, e a carne, que segue os seus próprios desejos maus. E quem vai vencer? O lado que estiver mais forte! É claro que a força não está em quanto "exercício" nós fazemos, não é o nosso devocional em dia que nos traz a vitória, mas a graça de Deus que se manifesta sobre nós quando estamos conectadas com Ele. Que essa consciência nos impulsione em disciplina, temor e amor pelo nosso tempo com Deus.

Obrigada, Deus, por me ofereceres a força que me falta.
Senhor, fortalece o meu espírito, concede-me disciplina na vida devocional e ajuda-me a vencer a velha natureza.
Que eu possa sempre ser parecida com o Senhor em meus pensamentos, sentimentos e atitudes.

Para refletir

1. Você sente diferença em si mesma quando tem um tempo devocional de qualidade de maneira mais frequente?

2. Você está satisfeita com sua rotina devocional atual? Se não, quais são os desafios que atrapalham os seus planos?

3. O que você pode fazer hoje para melhorar o seu tempo devocional?

4. Além do tempo exclusivamente dedicado ao devocional, que outras atitudes do dia a dia ajudam você a se manter conectada com Deus?

FRUTO

Porque, se viverem de acordo com as exigências [da carne], morrerão. Se, contudo, pelo poder do Espírito, fizerem morrer as obras do corpo, viverão, porque todos que são guiados pelo Espírito de Deus são filhos de Deus.
Romanos 8:13-14

Mas o Espírito produz este fruto: amor, alegria, paz, paciência, amabilidade, bondade, fidelidade, mansidão e domínio próprio. [...] Uma vez que vivemos pelo Espírito, sigamos a direção do Espírito em todas as áreas de nossa vida.
Gálatas 5:22-23,25

Você já viajou para um lugar desconhecido e passeou por lá com um guia turístico ou alguém familiarizado com a região? Certa vez, meu marido e eu visitamos um casal de amigos na Espanha. Eles já estavam morando por lá fazia um tempo, então, a minha amiga nos levou para conhecer vários pontos turísticos por Madri e região. Depois, fomos todos juntos para Paris, porém, lá, tivemos que seguir os mapas e dicas da internet, pois ninguém conhecia a cidade.

Depois de alguns dias, fomos conhecer Segóvia, uma cidade medieval da região e, no caminho, nosso motorista nos apontou outra estrada e disse: "se pegarmos aquela direção, vamos para Toledo". Toledo era outra cidade turística muito interessante da região, mas não era nosso objetivo naquela viagem; quem sabe em uma próxima vez!

Na vida cristã, precisamos decidir o caminho pelo qual iremos andar. Todos os dias fazemos escolhas, grandes ou pequenas, que podem nos levar para direções distintas. A Bíblia nos orienta que, uma vez que somos salvas pelo Espírito de Deus, devemos andar pelo Espírito nos caminhos que levam à vida. E isso se manifesta de duas maneiras. A primeira é caminhar pela verdade já revelada. A Bíblia traz claramente a vontade de Deus e mostra quais são as atitudes de uma pessoa cheia do Espírito Santo. Devemos optar por viver essas verdades em nosso dia a dia, uma vez que dizemos que cremos em Jesus e entregamos nossa vida ao senhorio dele.

Para nossa alegria e alívio, esse esforço não é somente nosso: somos impulsionadas e fortalecidas pelo Espírito Santo quando decidimos caminhar dessa forma! Existe a nossa ação natural que é potencializada por uma intervenção sobrenatural. Gosto sempre de explicar que o fruto do Espírito (Gálatas 5:22) é algo que Ele produz. São características maravilhosas que devem fazer parte do modo de viver cristão, a fim de glorificar a Deus e sermos testemunhas de Cristo. Ainda que seja algo que Ele produz em nós, penso que temos a nossa parte:

a. Ser boa terra: devemos ser humildes, como quem está sempre pronta para ouvir o que o Espírito tem a dizer, lendo a Bíblia ou ouvindo uma pregação sabendo que precisamos aprender mais sobre Deus.

b. Acolher a semente com mansidão: não rejeitar a mensagem que chega a nós. Você pode achar estranho a ideia de "rejeitar a mensagem", mas quantas vezes pensamos que alguém "não merece perdão" ou justificamos que temos o "direito de estarmos iradas e tratar mal nosso marido", por exemplo?

Aceitamos a mensagem quando ouvimos, mas decidimos que não devemos obedecer a ela.

c. Expor essa semente periodicamente à luz (leitura da Bíblia) e à água (poder do Espírito Santo, por meio da oração). O fruto do Espírito em nós cresce em nosso tempo devocional.

Mas há também uma segunda maneira de caminharmos no Espírito: estarmos sensíveis à Sua voz no dia a dia. Podemos ouvir a Sua voz com direções específicas no cotidiano, nas grandes e, também, nas pequenas decisões. E, talvez, nesse aspecto, muita gente fica em dúvida: como assim ouvir o Espírito?

A primeira coisa a lembrar é de que o Espírito Santo fala ao nosso coração. E discernir Sua voz é um treino. Quanto mais conectadas com Ele estivermos, tanto no tempo devocional quanto no orar continuamente, mais conseguiremos sentir a Sua presença e ouvi--lo. São pequenas impressões que fazem sentido, ainda que muitas vezes sejam contrárias à nossa vontade imediata. São direções que nunca vão contra o que a Bíblia diz e que, de alguma forma, vão glorificar a Deus.

Pode ser uma vontade de mandar uma mensagem encorajadora para uma irmã da igreja, uma convicção de que você precisa orar por alguém naquele momento, um sentimento de que precisa abandonar algum projeto ou uma paz sobrenatural para tomar uma decisão que parecia tão difícil. Muitas vezes, obedeceremos e veremos os frutos; outras vezes, não saberemos exatamente o que o Espírito Santo fez por intermédio de nós ou por que fizemos algo. Porém, podemos confiar nesse Guia perfeito. Procure ficar atenta e desenvolver esse discernimento. Ele sempre quer falar. Mas também não esqueça: Ele já falou. A direção máxima que você precisa para sua vida já está na Bíblia.

Espírito Santo, quero andar nos Teus caminhos e ser guiada pelo Senhor. Fala comigo e faz-me sensível para ouvir a Tua voz todos os dias. Ajuda-me a obedecer a Tua vontade já revelada na Bíblia, sendo submissa a ela.

Para refletir

1. Olhando para a maneira de viver o cotidiano, você considera que tem conseguido manifestar o fruto do Espírito em seus relacionamentos?

2. Qual das características do fruto do Espírito é mais desafiadora para você?

3. Pensando nos passos práticos para que o Espírito produza seu fruto em nós, em qual você acredita que precisa melhorar? E qual é o mais fácil para você?

4. Você já teve alguma experiência em que pode afirmar que "ouviu a voz de Deus"? Compartilhe com alguém.

BELEZA

Não se preocupem com a beleza exterior obtida com penteados extravagantes, joias caras e roupas bonitas. Em vez disso, vistam-se com a beleza que vem de dentro e que não desaparece, a beleza de um espírito amável e sereno, tão precioso para Deus. 1 Pedro 3:3-4

Preciso confessar: diferentemente de muitas mulheres, não gosto de salões de beleza. Não me anima a ideia de passar um tempão para arrumar cabelo, passar maquiagem, fazer as unhas. Toda vez que tenho algum evento especial, como um casamento, lembro-me da voz da minha mãe falando "para ficar bonita, tem que sofrer", enquanto gasto horas me preparando para a ocasião.

E quando gastamos todo esse tempo e não gostamos do resultado? Quando encomendei meu vestido de noiva, ganhei a prévia do cabelo em um salão importante da cidade. Fui e o cabeleireiro simplesmente ignorou as minhas preferências. Eu lhe informei que queria algo simples e fui embora de lá com o cabelo de festa de gala. Foi um enorme tempo perdido para sair do salão literalmente chorando, e eu ainda era bem novinha. Ainda bem que era só a prévia e pude mudar de cabeleireiro para o penteado de fato do grande dia.

Apesar de não gostar desse processo, não tenho nada contra os cuidados com o corpo e a beleza. Reconheço que cuidar da aparência, com equilíbrio, é claro, também é um ato de amor às pessoas que estão ao nosso redor e boa mordomia com o corpo que Deus nos deu. Há algum tempo comecei me policiar para melhorar minha aparência em casa: colocar uma roupa adequada (isso significa, não ficar de pijama ou roupa de academia o dia todo), arrumar o cabelo e, às vezes, até passar uma maquiagem simples. Sim, apenas para ficar em casa com meu marido e filhas. Sei que parece bobagem, mas, pelo menos por aqui, faz diferença na minha disposição para as atividades do dia.

Por exemplo, não ligo de meu marido ficar em casa de calça de moletom e camiseta, de verdade. Amo-o e continuo achando-o lindo. Mas, quando ele aparece arrumado para trabalhar ou com uma roupa nova para alguma ocasião mais formal, acho-o ainda mais bonito e gosto de admirar a sua beleza. Ele não precisa fazer isso todo dia por nenhuma razão, mas, quando faz, eu gosto. Faz parte da forma como Deus nos fez: admiradores de coisas belas e harmônicas.

Percebi que essa atitude de me arrumar minimamente para minha vida diária melhora a minha autoestima, produtividade e a relação com todos ao meu redor. Mas, novamente, é algo simples, que não toma muito tempo e, principalmente, não se torna algo de excessiva importância. Porque sabemos como somos, a natureza adâmica não dá trégua, temos uma facilidade imensa de criar pequenos ídolos a partir de coisas lícitas e o cuidado com a aparência é uma delas.

Mais importante do que gastar dinheiro e tempo para melhorar a nossa aparência, deveríamos investir nossos recursos e energia em nossa beleza interior: cultivar em nós um espírito que agrada a Deus. A beleza que vem de um relacionamento com o Espírito precisa ser a nossa mais busca e o nosso compromisso diário. Acredite: essa beleza importa ainda mais para as pessoas ao nosso redor!

Precisamos ser limpas de nossos pecados assim como diariamente lavamos nosso corpo. Devemos exercitar os nossos dons espirituais da mesma forma que nossos músculos. Buscamos cultivar belas palavras, pensamentos, emoções e atitudes assim como arrumamos nosso cabelo pela manhã. Vestimo-nos da nova criação, que se parece cada vez mais com Jesus, com o mesmo cuidado que escolhemos roupas apropriadas. Exalamos o bom aroma de Cristo mais do que qualquer perfume importado.

Não é necessário descartar os cuidados com sua aparência. O que precisamos avaliar é se somos tão bonitas por dentro, aos olhos de Deus (que tudo vê e sonda o mais íntimo do nosso interior), como somos por fora. Diante do Pai, não conseguimos maquiar as imperfeições de nossa alma; não podemos cobrir nossas falhas nem escolher uma roupa que disfarce os aspectos desagradáveis do nosso coração. Tudo está descoberto e exposto diante daquele a quem devemos prestar contas (Hebreus 4:13).

E ainda mais: precisamos ser honestas ao avaliar o quanto nos dedicamos para alcançar essa beleza genuína e que não se corrompe! Crescer espiritualmente é uma prioridade para mim? Buscar conexão com o Espírito Santo é algo que avalio valer o esforço? Quando falamos sobre relacionamento com Deus, valorizamos muito o tempo devocional; que é importantíssimo nesse processo. Mas, muitas vezes, esquecemos que devemos buscar uma *vida devocional*: isso é viver um cotidiano que adora a Jesus, incluir louvores e adoração nas tarefas do dia a dia, orações que podem ser feitas em qualquer lugar e um coração que busca estar sempre grato, contente e sensível à voz de Deus. Ah, essa sim é uma vida linda!

Que possamos sempre lembrar: esse corpo envelhece e voltará ao pó, porém um espírito adornado com a vida de Deus permanece para sempre.

Senhor, sou grata pelo meu corpo. Não quero idolatrar a minha beleza exterior. Dá-me equilíbrio para cuidar da minha aparência, mas também dedicação para cuidar da minha beleza interior. Que aquilo que está em meu interior seja motivo de alegria para ti.

Para refletir

1. Olhando para seus cuidados com a aparência, você poderia se considerar demasiadamente preocupada, desleixada ou em equilíbrio entre ambas? Acha que poderia melhorar em algum aspecto?

2. Considerando a beleza interior, quais características você sente que ainda precisa cultivar?

3. Pense em trechos bíblicos que se referem a essas características. Anote-os e, se desejar, memorize-os e os compartilhe.

ESTAÇÕES

Feliz é quem confia no S<small>ENHOR</small>, cuja esperança é o S<small>ENHOR</small>. É como árvore plantada junto ao rio, com raízes que se estendem até as correntes de água. Não se incomoda com o calor, e suas folhas continuam verdes. Não teme os longos meses de seca, e nunca deixa de produzir frutos.

Jeremias 17:7-8

Alguns anos atrás, plantamos uma muda de amoreira em frente de casa. Menos de três anos depois, ela já estava dando frutos para nos deliciarmos. Aguardamos sempre a época certa, por volta da primavera, para aproveitarmos. Mas houve um ano de muita seca na minha cidade e, quando a época certa chegou, a árvore não deu muitos frutos. Naturalmente, as árvores são suscetíveis ao clima e ambiente, que afetam diretamente a quantidade e a qualidade de seus frutos. Aqui, nos Estados Unidos, já notei que as laranjas (*naval orange*) são deliciosas, mas somente entre o inverno e primavera; a partir de meados do verão, elas já não estão mais tão docinhas para o meu gosto.

Falando sobre frutos na nossa nova vida, vemos a Bíblia nos garantindo que não estamos tão suscetíveis ao ambiente externo se estivermos plantados no lugar certo. A árvore citada em Jeremias não é afetada pelos anos em que a seca chega, segue bela e não deixa de dar o seu fruto porque suas raízes estão estendidas subterraneamente ao ribeiro de águas, em cuja margem está plantada. Essa árvore é a pessoa que confia no Senhor, inabalável em sua fé nele.

O texto de Jeremias se assemelha muito com o versículo 3 do primeiro salmo, que fala sobre a árvore plantada junto aos ribeiros de água, que dá seu fruto na época certa e não perde suas folhas. Nesse caso, o salmista ressalta sobre uma árvore que frutifica no tempo correto e apropriado, sem decepcionar aqueles que estão aguardando a época da colheita. Essa árvore é aquela pessoa que tem seu "prazer na lei do SENHOR e nela medita dia e noite" (Salmo 1:2).

A confiança em Deus se reflete em relacionamento e é simbolizada, no texto, como raízes (que as pessoas não veem) que chega ao ribeiro. Lá ela absorve a água que precisa. Mesmo que não chova sobre ela ou que o calor esteja aumentando por fora, ela continua hidratada por essa relação íntima e direta que tem com o ribeiro. Isso entrelaça diretamente com a atitude de ter seu prazer na lei do Senhor e nela meditar continuamente.

Você vê um padrão aqui? Oração e leitura da Bíblia, tempo devocional, relacionamento com Deus. São práticas espirituais que nos mantêm conectadas ao Senhor e aptas a frutificar mesmo em tempos difíceis. Porém, eu aprendi algo nesses dias, morando nos Estados Unidos.

Nos fundos da minha primeira casa, havia um pequeno riacho e muitas árvores plantadas nos dois lados. Todas elas verdes e lindas durante o verão e a primavera. Mas quando chega o outono e o inverno, suas folhas mudam de cor e caem, completamente! A mudança é tão drástica que, em nosso primeiro inverno aqui, ficamos impressionados com a quantidade de construções que conseguíamos ver do outro lado do rio que até então estavam ocultas para nós.

Dias atrás, estava gravando um vídeo sobre estações e quando falei do inverno, citei essas árvores e, na hora, veio-me à mente o versículo de Jeremias. Elas estão plantadas junto ao ribeiro de águas, mas, mesmo assim, ficaram secas e perderam suas folhas. Eu questionei "como assim? Será que o versículo tem algum significado oculto que não entendi?".

Mas logo percebi: as árvores secaram por causa da estação do ano propícia para que isso acontecesse. Deus estabeleceu outono e inverno para renovar as folhas dessas árvores. E mesmo plantadas junto aos ribeiros, no tempo determinado pelo Senhor, todas elas precisam passar pelo processo de murchar e secar. Os tempos difíceis citados em Jeremias não são as estações do ano, são um tempo de seca, algo que acontece atipicamente. Com as estações que Deus governa soberanamente, toda árvore tem seu tempo de secar, ainda que suas raízes estejam na água. E, então, resta a elas esperarem pacientemente pelo Senhor, para que suas folhas e seus frutos retornem na primavera e no verão.

Existem tempos em nossa vida que parecemos "secar", mesmo mantendo uma fé viva e um relacionamento vibrante com o Senhor. Nesses dias, resta-nos reconhecer que o fruto não vem de nós. Que, por mais que nos esforcemos, quando Ele determina a chegada do outono e do inverno, não importa a nossa dedicação, as folhas secam e os frutos cessam.

Quando me mudei para os EUA, tive um dos períodos mais difíceis na minha vida espiritual. Brinco que, nos primeiros meses em que morávamos temporariamente em um hotel, alguns dias eram noites. Chegando aqui com uma bebezinha de 2 meses e ficando em um local provisório, tive muita dificuldade em retomar ao meu ritmo devocional e, além disso, a vida da igreja, que sempre foi um lugar de muita frutificação para mim, foi interrompida pela mudança.

Senti-me com uma árvore completamente seca por muito tempo. E cheguei a condenar meu compromisso, ou a falta dele, com Jesus e a me culpar por tudo isso. Quando começamos a frequentar a igreja que estamos hoje, tive a oportunidade de participar de um grupo de estudo bíblico entre mulheres. E o Senhor ministrou ao meu coração, permitindo-me entender as estações de forma diferente. O que ficou marcado no meu coração foi: o outono, quando as folhas caem e não há frutos, é o tempo em que lembro que sou completamente dependente dele para tudo. Sei que não dou frutos ou flores na primavera e verão pela minha habilidade e força, mas porque Ele permite. O outono, entretanto, serve para me recordar da minha total dependência do Criador de todas as coisas. Não importa o quanto você tente segurar as folhas, elas cairão.

Não é um processo fácil de passar, principalmente se você é uma pessoa crítica como eu e que valoriza muito a performance e o esforço. Mas nossa vida com Deus também cresce em momentos de desconforto! Se permitirmos, veremos a beleza divina nos momentos de sequidão aparente, pois por dentro seguimos sendo fortalecidas e alimentadas com a vida do Senhor em nós.

Senhor, quero sempre dar frutos que demonstrem a vida de Jesus em mim. Que o Espírito Santo produza em mim a plenitude do Teu fruto e que eu abençoe as pessoas que estão ao meu redor dessa forma. Mas ajuda-me também a lembrar que dependo completamente do Senhor para isso e não posso fazer nada em minha própria força.

Para refletir

1. Em que estação você considera que está vivendo atualmente?

2. Você já teve estações em que sentiu estar num tempo de seca espiritual?

3. Você se sente apta a passar um tempo de seca? O que você precisa para estar forte espiritualmente em uma estação difícil?

AMOR

Se eu falasse as línguas dos homens e dos anjos, mas não tivesse amor, seria como um sino que ressoa ou um címbalo que retine. Se eu tivesse o dom de profecias, se entendesse todos os mistérios de Deus e tivesse todo o conhecimento, e se tivesse uma fé que me permitisse mover montanhas, mas não tivesse amor, eu nada seria. 1 Coríntios 13:1-2

Eu sempre gostei de comédias românticas! Desde a minha pré-adolescência até a minha juventude, sempre assistia a todos os lançamentos, tinha meus casais favoritos, chorava nos finais felizes – e assistia novamente os meus filmes preferidos muitas, muitas e muitas vezes.

Então, casei e vi que a realidade dos relacionamentos não tem muito a ver com o que Hollywood mostra nas telas. Tudo parece muito mágico e cheio de flores; tem bom humor ao acordar, risadinhas quando o outro erra, companheirismo nas coisas mais inusitadas. Tudo muito lindo e, não me leve a mal, sei que é possível, porém um tanto quanto exagerado.

A verdade é que a rotina de um casamento pode fazer a mágica desaparecer aos poucos ou, em alguns casos, rapidamente. Enfrentar os defeitos do outro todos os dias, sem tempo para descansar e sentir saudade, pode ser desanimador. E, de repente, aquela pessoa que tanto amávamos e queríamos perto 24 horas por dia começa a perder o encanto. Ela vai saindo da categoria "paixão da minha vida" para a "tirou o dia para me irritar".

No ano em que escrevo esse livro, eu e meu marido completamos 18 anos de casamento. Tivemos altos e baixos bem baixos, mas, graças a Deus, nós dois decidimos submeter nosso coração completamente ao Espírito Santo e hoje vivemos um relacionamento estável e feliz. E um dos passos fundamentais para isso foi compreender que o amor é uma decisão. É claro que temos a emoção *amor*, que traz a sensação de borboletas na barriga e vontade de ficar falando no telefone até 4h da madrugada. Aquele sentimento que, quando dizemos *tchau*, parece que um pedaço de nós foi arrancado e contamos os segundos para nos reencontrarmos. Porém, com o tempo, esse sentimento explosivo e intenso passa. Nem sempre ele estará lá. Muitas vezes, ele só voltará se o estimularmos conscientemente. É, assim, que o amor se torna uma decisão: você escolhe sentir pelo outro o que sabe que deve sentir para manter um casamento feliz. Eu decido nutrir admiração pelo meu marido, focando nas qualidades e deixando os defeitos em segundo plano. Eu nutro a atração física e o desejo de passar tempo com ele, direcionando meus pensamentos e sentimentos para ele. Enfim, esforço-me para manter vivo o sentimento do amor por meio do meu compromisso em amar!

Mas o amor sai das quatro paredes do lar e do relacionamento romântico. Jesus nos disse que deveríamos amar os nossos inimigos. Isso não é nada fácil! Porém, Ele falou que deveríamos fazê-lo. Logo, podemos entender que isso é possível passando pela nossa decisão de buscar a graça do Espírito Santo para tal. Porém, não basta apenas dizer que ama ou sentir dentro do coração. O amor também precisa ser comunicado. Amor que não se comunica e não tem atitudes está longe de ser parecido com o amor de Deus. A Bíblia fala que Deus tanto amou o mundo que deu seu filho. Houve uma atitude, aliás, a melhor de todas.

Com os inimigos, Jesus sugeriu que demonstrássemos o amor orando por eles. E com aqueles que estão perto de nós, como podemos demonstrar amor? Será que é fazendo as obrigações sem murmuração? Servindo um pouco mais quando seu marido ou filhos precisam de você? Elogiando as pessoas que moram na sua casa com mais frequência? Abrindo sua casa e sua agenda para investir tempo com pessoas que precisam conversar?

Assim como a rotina no casamento pode suprimir o sentimento do amor. Muitas vezes, o cotidiano corrido de esposa e mãe nos leva a esquecer o quanto amamos a nossa família e que devemos demonstrar isso todos os dias. Inconscientemente, envolvemo-nos em tantas tarefas, que também são atos de serviço para o marido e filhos, mas que acabam roubando tanto nossa presença. Não passamos tempo com eles porque estamos ocupadas fazendo outras coisas. E quanto a nossa atitude interior, vivemos de cara amarrada sem demonstrar alegria e contentamento no dia a dia do lar.

Isso pode se estender até mesmo para a vida da igreja. Temos tantos compromissos eclesiásticos que nós achamos que não temos tempo nem paciência para ouvir alguém que precisa desabafar ou investir um tempo em oração com nossos irmãos. Por esse motivo, Paulo ressalta que ainda que tenhamos os melhores e mais poderosos dons, sem amor, nada disso vale!

Não permita que o amor vá apagando dentro de você. Siga o conselho de Jesus na carta à igreja de Éfeso e retorne ao primeiro amor em todas as áreas que forem necessárias (Apocalipse 2:4-5). Na prática, isso significa voltar seu coração aos outros e pensar como agir para demonstrar esse amor. O Deus poderoso, que é o próprio amor, é poderoso e forte para ajudá-la nesse processo!

Senhor, eu quero aprender a amar como o Senhor ama, sem interesses, sem ressalvas e com atitudes práticas. Meu desejo é demonstrar o Teu caráter amoroso a todos ao meu redor! Que eu decida diariamente pelo caminho mais elevado, que é o amor.

Para refletir

1. Você concorda com a ideia de que o amor é uma decisão?

2. Você acredita que o compromisso de amar pode reacender o sentimento do amor?

3. No seu casamento, você sente que o amor esfriou? Como você avalia hoje a sua relação com seu cônjuge?

4. Qual atitude prática você pode ter para demonstrar amor para alguém de fora de sua casa hoje?

ALEGRIA

Meus irmãos, considerem motivo de grande alegria sempre que passarem por qualquer tipo de provação. Tiago 1:2

Que Deus, a fonte de esperança, os encha inteiramente de alegria e paz, em vista da fé que vocês depositam nele, de modo que vocês transbordem de esperança, pelo poder do Espírito Santo. Romanos 15:13

Converti-me ainda na adolescência e eu já era uma pessoa muito alegre, bem-humorada, pelo menos algumas horas depois de acordar, e extrovertida. Quando conheci Jesus, o meu temperamento sanguíneo e minha atitude positiva foram inundadas pela alegria do Espírito Santo. Não por meu mérito, pois acabava sendo uma pessoa divertida de se ter por perto. Porém, em uma fase específica da minha vida, vi que deixei essa alegria morrer. As tarefas domésticas, a rotina de trabalhar fora e o cuidado com os filhos se tornaram um tormento e passei a ver as coisas simples do dia a dia como verdadeiros fardos. Era murmuração por situações rotineiras e um coração descontente por qualquer bobagem cotidiana.

Todos os dias, quando falo para minha filha tomar banho, ela reclama. Sério. Todos os dias. E não tem nenhuma novidade nessa atitude que ela tem que tomar diariamente. Realmente fico surpresa como ela pode achar ruim algo que ela já deveria saber que vai acontecer. Porém, era exatamente essa a minha atitude com as coisas corriqueiras. Eu murmurava (ora em palavras, ora apenas interiormente) sobre tarefas do dia a dia, como se fosse uma grande surpresa o fato de eu precisar lavar a louça de novo ou reportar à minha chefe sobre minhas funções no escritório.

Em poucos anos, passei de "miss simpatia e otimismo", títulos que ganhei na festa de final de ano da empresa que trabalhava, para a briguenta, que reclamava das tarefas simples que os clientes solicitavam. Irritava-me com o trânsito, com o tempo que o elevador demorava para chegar, porque me ligavam em vez de mandar e-mail... tudo era motivo de irritação! Precisei de um *chacoalhão* do Espírito Santo para entender que essa atitude sem alegria o desagradava e deixava de testemunhar o caráter de Jesus.

Tim LaHaye, em seu livro *Temperamentos transformados* (Ed. Mundo Cristão, 2019), afirma que um cristão cheio do Espírito Santo precisa ser um cristão alegre. É extremamente contraditório que nós, um povo que foi liberto da condenação do pecado e que tem a vida do próprio Deus, vivamos carrancudos e de cara amarrada. Como tornar atraente um cristianismo mal-humorado? E mais, como tornar coerente uma fé que depende das situações externas?

Paulo diz "alegrem-se" (Filipenses 4:4) em tom de ordenança. Assim como falamos do amor, entendo que a alegria é um sentimento, que também passa por uma decisão. Nós precisamos ordenar nossos pensamentos e sentimentos e direcioná-los para onde queremos que eles caminhem. É claro que, para algumas pessoas, será mais fácil. Para outras, mais difícil. Tanto por questões de temperamento quanto devido às situações específicas da vida, porém esse precisa ser um exercício e um compromisso diário. Lembrando que a alegria não é ficar fazendo piada ou dando risada aleatoriamente. Mas, sim, uma atitude de contentamento interior que não é abalada pelas circunstâncias e é expressa na maneira de viver. Lembre-se de que Paulo escreveu sua carta aos filipenses enquanto estava preso; aos olhos humanos, ele tinha muitos motivos para não falar de alegria.

Todos os dias, em todos os momentos, temos que tomar decisões sobre em que situação iremos focar. É isso que faz crescer em nosso coração sentimentos bons ou ruins. Somos nós que nutrimos as emoções que vivemos e demonstramos. Vou dar um exemplo. Enquanto escrevo esse texto, várias vezes bateu no meu coração uma preocupação por conta dos prazos que tenho que cumprir e, por isso, do tempo que não estou com as minhas filhas. Em vez de focar nisso, decido pensar que esse trabalho vai abençoar muitas pessoas e que as crianças estão tendo oportunidade de aprender a brincar uma com a outra. Associo essa minha decisão à oração, pedindo que Deus me dê paz e alegria, e assim quando terminar terei uma atitude agradável ao encontrar a família! É um exercício até virar prática: nas coisas grandes e pequenas, escolha nutrir aquilo que traz alegria.

Existe ainda outra verdade muito importante quando falamos de alegria. Esse hábito de olhar para as circunstâncias e ver coisas boas começa da atitude interior. Não basta só o esforço externo; ele precisa estar fundamentado em um coração cheio do Espírito Santo. Provérbios 15:15 nos relembra que tudo começa em como está nossa alma: para os aflitos, todos os dias são difíceis. Não importa o que aconteça, a aflição interior torna a vida mais dura. Já para quem tem o coração alegre, a vida é um banquete contínuo. A alegria que transborda de dentro consegue afetar tudo o que acontece ao nosso redor. E esse contentamento não vem de um pensamento positivo, mas de um relacionamento pessoal com a fonte de toda alegria: o Espírito Santo de Deus, a fonte que nunca cessa. Por causa dele, você pode responder positivamente à orientação paulina: "Alegrem-se sempre no Senhor" (Filipenses 4:4)!

Senhor, dá-me a alegria do Espírito Santo. Eu quero ser cheia dessa alegria e transbordar para as pessoas ao meu redor, para que o mundo se torne um lugar mais agradável e, principalmente, para atrair as pessoas para o Senhor.

Para refletir

1. Você se considera uma pessoa alegre?

2. Seu esposo, filhos e amigos a consideram uma companhia agradável?

3. Como você pode transmitir alegria às pessoas que ainda não conhecem Jesus?

4. Você se lembra de situações em que conseguiu reagir com contentamento mesmo quando o mais natural seria o mau humor ou a tristeza?

BONDADE

*Cuidem que ninguém retribua o mal com o mal,
mas procurem sempre fazer o bem uns aos outros e a todos.*

1 Tessalonicenses 5:15

C. S. Lewis, em seu livro *Cristianismo Puro e Simples*, (Thomas Nelson, Brasil, 2017), fez a seguinte afirmação: "nenhum homem sabe o quanto é mau até se esforçar para ser bom". Ah, como isso é verdade. O pecado deixou uma marca permanente em nós e nossa carne sempre pende para o egoísmo, para a maldade e para a justiça própria; uma aparente justiça que na verdade é baseada em nossa opinião e parâmetros pessoais.

Desde o Éden, a humanidade só foi se tornando cada vez pior. Já os primeiros filhos de Adão e Eva foram protagonistas de uma história de assassinato. Seguimos vendo a corrupção crescendo de maneira progressiva e, em poucas gerações, um homem se vangloria de matar pessoas que o feriram superficialmente (Gênesis 4:23). A maldade foi tão intensa ao ponto de Deus enviar o dilúvio para acabar com a humanidade má e perversa. Mesmo depois da graça estendida por meio da arca de Noé, o homem persiste sendo cruel, egoísta e interessado em seu próprio prazer. O livro de Juízes é um verdadeiro show de horrores de uma sociedade afastada de Deus. E ao longo da história bíblica e extrabíblica, continuamos a ver a maldade estampada em todo o lugar.

Até mesmo a tentativa de bondade do homem patina em suas próprias inclinações para o mal. Em 2008, houve uma grande enchente no estado de Santa Catarina que mobilizou todo o Brasil. Pessoas de todos os estados enviaram doações para ajudar as vítimas do desastre natural. Em meio às campanhas e ações beneficentes, descobriu-se que voluntários que trabalhavam com o recebimento e separação desses materiais estavam roubando itens para seu próprio uso ou para comércio. Esse foi só um de muitos casos que se tornaram recorrentes após situações calamitosas no país.

O desejo humano para o mal ganha as telas dos jornais frequentemente, mas tenho certeza de que, dentro da sua casa, você também consegue identificar a sua própria falta de bondade com facilidade. Porque, quando falamos dessa característica do fruto do Espírito, é claro que incluímos a caridade na discussão, porém a bondade que Deus deseja manifestar em nós vai muito além de esmolas. É uma bondade que se manifesta mesmo nas pequenas ações altruístas dentro de nosso lar, nosso ambiente de trabalho, no trânsito, na igreja; uma atitude que coloca o outro em primeiro lugar.

Essa bondade que vem de Deus é tão exuberante que transcende a nossa capacidade humana e nos lembra o quanto somos dependentes do Espírito Santo. É por isso que ela é "fruto do Espírito". Até podemos ser pessoas naturalmente bondosas, que são generosas com os outros em ações, palavras e bens. Mas devemos nos avaliar sinceramente e ver se essa bondade é ilimitada, nos padrões divinos, ou se vai apenas até o ponto em que as coisas "não nos incomodam". Sua bondade tem limites? A bondade que para de agir quando há desconforto para nós é de padrão humano e não celestial.

Quando Adão e Eva comeram da árvore do conhecimento do bem e do mal, lá no Éden, a principal falta foi a corrupção dos padrões morais. Existe um padrão moral divino do que é bom e mau, certo e errado. Isso é imutável, ao contrário do que tentam nos convencer hoje em dia. Adão e Eva não buscaram receber de Deus esse padrão, mas buscaram construir sua própria versão de bem e mal e vemos até hoje que o resultado dessa decisão foi péssimo.

Precisamos retornar à essência da bondade divina em todas as suas formas e com todos os seus desafios, lembrando que somos dependentes do Espírito Santo e Ele pode produzir esse fruto em nós! Em resposta à obra dele, comece exercitando a sua bondade: fazendo bem aos que merecem, e, também, aos que não merecem. Pois, por mais ilógico que pareça, a Bíblia nos orienta a pagar o mal com o bem. É assim que vencemos a maldade e nos tornamos mais parecidas com o nosso bom Pai.

Dentro de nossa casa, temos inúmeras oportunidades de manifestar essa bondade sem interesse. Recolhendo aquela roupa que o marido deixou fora do lugar, escolhendo preparar aquele prato de comida que seu filho mais velho gosta tanto e que você evita por causa da sujeira que faz, ajudando o caçula a terminar a tarefa porque ele se atrapalhou nos horários.

Cheias de justiça própria, enchemos nossa boca, ou, ao menos a nossa mente, com argumentos: "se eu recolher, ele não aprende", "eu vou cozinhar o que me dá menos trabalho já que ninguém colabora", "se eu o ajudar, ele vai continuar se atrapalhando". Quando, na verdade, a bondade anda a segunda milha e serve quem precisa com o coração como o de Jesus.

Rute sacrificou sua vida em favor de sua sogra. Ela poderia voltar para sua família em Moabe e recomeçar com um novo casamento. Mas ela sabia que a situação de sua sogra seria muito difícil se ficasse sozinha. Seu desprendimento para cuidar de Noemi permitiu que Rute ficasse famosa por sua bondade e atraísse a atenção de quem iria ser usado por Deus para transformar a sua vida (Rute 2:10-12). Essa história nos lembra sobre como a bondade é bela. Com ela, podemos ser canal do amor visível do Senhor onde estivermos.

Senhor, obrigada por Tua bondade. Ensina-me a ser boa nos padrões do Céu e não nos padrões do mundo. Que eu não pare a minha bondade quando ela se torna desconfortável para mim, mas que as minhas atitudes de bondade com os outros reflitam Tua presença.

Para refletir

1. Você pratica atos de bondade regularmente?

2. Você tem facilidade de ser bondosa com estranhos e, também, com amigos e familiares?

3. Seus filhos e marido diriam que você é uma pessoa bondosa no dia a dia?

PACIÊNCIA

*Sejam sempre humildes e amáveis,
tolerando pacientemente uns aos outros em amor.*

Efésios 4:2

*Quem tem entendimento controla sua raiva;
quem se ira facilmente demonstra grande insensatez.*

Provérbios 14:29

Já me arrependi diversas vezes por ter respondido ou agido no impulso. Mas nunca me arrependi por ter sido paciente nem ouvi alguém dizer que se arrependeu porque pensou melhor antes de reagir ou falar algo. A paciência tem o poder de evitar muita confusão desnecessária, situações constrangedoras e, principalmente, atrito nos relacionamentos mais próximos de nós.

Como mãe, já foram tantas situações que agi sem paciência e me arrependi depois, que não consigo nem lembrar de todas. É, claro, que não me orgulho delas e algumas ainda estão marcadas na minha mente e, também, no coração das minhas filhas. Tenho certeza de que a maioria das mães que leem esse livro se identificam com esse sentimento de terem se excedido em palavras ou ações em algum momento da criação de filhos.

A maternidade tem o potencial de mostrar o quanto nós ainda precisamos de paciência. Somamos nosso cansaço físico ao nosso desconhecimento das situações que estamos passando e à necessidade de esperar o desenvolvimento e evolução de um ser que ainda está em processo de crescimento e aprendizado em todas as áreas.

Não nos esqueçamos, é claro, da natureza pecaminosa que habita em nós e sempre deseja se manifestar. O resultado é uma combinação potencialmente explosiva se não estivermos atentas e conectadas ao Espírito Santo.

A Bíblia fala que Deus é muito paciente! E podemos notar pela quantidade de vezes que erramos, duvidamos, tropeçamos e Ele continua a nos amar e nos impulsionar. Partir do princípio de que recebemos paciência de Deus sempre que precisamos já é o suficiente para deixar claro que não temos o direito de negar paciência para ninguém! De graça recebemos, de graça damos.

Porém, além desse importante princípio espiritual, há o argumento lógico e racional: toda pessoa merece paciência porque ela nos dá paciência. Ou você acredita que está imune ao erro e nunca tira outros do sério? Tomás de Kempis, no livro *A imitação de Cristo* (Publicações Pão Diário, 2022) é enfático a esse respeito: "Procura sofrer com paciência os defeitos e quaisquer imperfeições dos outros, pois tens também muitas que os outros têm de aturar [...]. Muitos de nós desejamos que os outros sejam perfeitos e nem por isso emendamos nossas faltas".

Mas ainda que você encontre alguém que não mereça paciência (aos seus olhos, obviamente), já parou para pensar o quanto a impaciência faz mal a você? Estresse, ansiedade, gritaria, coisas faladas das quais você se arrepende, aquele "climão" na casa e nos relacionamentos. Sei que é difícil. Por isso, dependemos do Espírito Santo para produzir isso em nós! Paciência, mansidão e domínio próprio fazem parte do fruto que Ele quer manifestar em nossa vida. Não desista de orar por isso e buscar essa virtude.

A minha filha mais velha nasceu prematura e todos que me conheciam diziam que ela nasceu cedo porque seria rápida como a mãe. Eu era uma pessoa muito apressada em tudo. Porém, foi exatamente o oposto: devido à prematuridade, ela demorou para alcançar alguns marcos do deu desenvolvimento corporal; demorou para sentar-se, para começar a comer, para andar. E eu, a que era sempre apressada, fui obrigada a aprender a esperar. Usualmente, é dessa forma que Deus nos dá paciência, colocando situações em que precisamos exercitá-la.

Então, ao mesmo tempo em que pede por essa característica divina em você, fique atenta aos momentos do dia a dia em que precisa manifestá-la. No trânsito, esperando uma amiga atrasada, repetindo pela enésima vez ao seu marido onde estão as coisas no armário do banheiro. Quem sabe, seu desafio esteja na birra do filho pequeno, levantar pela terceira vez de madrugada para amamentar ou entrar novamente na briga diária da hora do banho. Continuo com essa dúvida: como pode uma criança se surpreender com o fato de que precisa tomar banho todos os dias?

Nesses momentos, a resposta natural (segundo a natureza da carne) é perder a calma, levantar a voz, explodir ou até falar baixo, porém de forma sarcástica e ofensiva. Porém, a resposta da nova natureza é seguirmos o padrão divino: sermos muito pacientes, compassivas, cheias de amor, não ficarmos ressentidas e afastarmos para longe os pecados cometidos contra nós. Como resultado, cultivamos um ambiente de paz, onde os relacionamentos podem melhorar e cada indivíduo pode florescer. É só com paciência que podemos amar de verdade.

Senhor, concede-me paciência como a que tens comigo.
Quero ser paciente de forma a agradar-te e não prejudicar
as pessoas ao meu redor. Ensina-me a estar pronta e ajuda-me,
Espírito Santo, nos momentos em que precisar ser paciente!

Para refletir

1. Você se considera uma pessoa paciente?

2. Consegue identificar quais são as situações que a fazem perder a calma mais facilmente? Quais são as pessoas que mais tiram você do sério?

3. Já encontrou formas mais eficientes de se acalmar?

4. Você ora regularmente pedindo mais paciência ao Senhor?

MANSIDÃO

*Que sejam amáveis e mostrem a todos
verdadeira humildade.* Tito 3:2

Certa vez, fui buscar meu marido em uma consulta médica e não tinha lugar algum próximo à clínica para estacionar. Dei uma volta na quadra e, quando estava chegando perto do lugar novamente, um carro estava saindo e liberando uma vaga bem em frente! Como você pode imaginar, fiquei muito feliz e agradeci a Deus. Esperei que o motorista manobrasse e, assim que ele saiu da vaga, fiz a baliza e estacionei.

Quando eu mal tinha desligado o carro, um homem deu a ré e parou ao meu lado. Vi que ele estava muito agitado, falando sem parar. Baixei o vidro da janela para entender o que estava acontecendo e, então, compreendi a situação: ele estava aguardando a vaga antes de mim, porém estava mais para frente e eu não o vi. O motorista estava muito irado, ele gritava e me xingava sem parar. Assim que percebi o que tinha feito, olhei para ele e, sinceramente, pedi desculpas e expliquei que não o tinha visto. Pedi para que me desse espaço para que eu pudesse sair da vaga e deixá-lo estacionar. Mas quando reagi à grosseria dele de forma mansa e amável, ele ficou completamente desnorteado, ficou sem reação. Simplesmente, pegou o carro foi embora.

A Bíblia fala que a palavra "gentil desvia o furor" (Provérbios 15:1). Ou seja, quando uma pessoa está com raiva e nós respondemos com mansidão e amabilidade, jogamos água na fogueira! Por outro lado, a palavra ríspida e grosseira é como combustível. E mesmo que haja paz, ela tem poder de despertar a ira.

Com nossos filhos, conseguimos notar essa relação de maneira ainda mais clara, especialmente nos momentos em que têm crises emocionais e birras. Eles estão em um verdadeiro incêndio interior e nós temos a capacidade de sermos extintor ou mais combustível para aquela situação. Quantas vezes um abraço acalmou uma birra e quantas vezes um grito de pai ou mãe só agravou a reação exagerada? Não precisa ser teólogo para ver a Bíblia viva no cotidiano de qualquer lar.

Esse princípio também se aplica ao casamento. Quantas vezes você conseguiu que seu marido mudasse aquele comportamento irritante porque você falou bem brava? Aqui em casa as mudanças efetivas sempre vieram de conversas amáveis e mansas. Tanto da minha parte para ele quanto dele para mim, afinal, sei que é difícil acreditar, mas também preciso mudar muitas vezes.

Todo conceito de ser amável e gentil com as pessoas é agradável. E tal conceito vai além das quatro paredes da igreja, não é mesmo? Quem nunca viu aquela frase "gentileza gera gentileza"? A inscrição popular de um "pregador urbano" do Rio de Janeiro ficou famosa em todo Brasil; é uma atitude linda, louvável e desejável. Até o momento em que levamos a sério o que a Bíblia diz sobre isso. Todas as vezes que Deus nos orienta sobre mansidão e amabilidade (assim como o restante do fruto do Espírito), Ele diz que devemos manifestar essas características a todas as pessoas; não somente aos familiares, amigos, aos que são bons, mas a *todas* as pessoas!

O mundo não dá conta de manter o discurso. Os mesmos propagadores do "gentileza gera gentileza" rapidamente viram disseminadores do "ódio do bem" contra seus desafetos políticos e ideológicos sempre que necessário ou contra aquelas pessoas que são rotuladas de tóxicas. Ainda me surpreendo com a quantidade de adultos que vejo pregando o afastamento de pessoas com as quais elas não estão *dispostas* a lidar, reconciliar ou, mesmo, ajudar.

A igreja, por sua vez, precisa ir na contramão. Jesus disse que aquele que é gentil só com seus amigos não é diferente dos pecadores. Mas a nossa justiça tem que ser muito superior e devemos tratar bem inclusive os nossos inimigos.

Toda vez que tenho que reagir com mansidão e amabilidade a alguém que "não merece", eu penso em duas verdades. Primeiramente, Jesus me tratou com amor quando eu ainda era detestável. E, em segundo lugar, decido pensar que sou capaz de lhe oferecer algo que ela ainda não tem. Estou plantando uma semente de gentileza que poderá brotar e frutificar em favor de outros no futuro. Isso é ser luz em meio às trevas!

Senhor, que da minha boca sempre saiam palavras gentis e que eu seja mansa com as pessoas, assim como você, Jesus, sempre foi manso. Sou grata porque Tu me concedes graça para ter uma palavra sempre agradável e temperada com sal para saber responder a cada um.

Para refletir

1. Avaliando os seus relacionamentos mais próximos, você diria que seu modo de falar é manso na maior parte do tempo? Ou ao contrário?

2. Normalmente, você cuida antes de proferir suas palavras para procurar ter um falar mais amável e gentil ou simplesmente reage às situações?

3. Você tem mais facilidade para ser gentil com as pessoas de dentro de sua casa ou com pessoas estranhas?

HISTÓRIAS

Não esconderemos essas verdades de nossos filhos; contaremos à geração seguinte os feitos gloriosos do Senhor, seu poder e suas maravilhas.

Salmo 78:4

Esses dias, estava fazendo algumas pesquisas na internet e deparei-me com uma notícia muito triste sobre uma tragédia que houve em um circo no Rio de Janeiro e que levou à morte de centenas de pessoas. Na hora pensei "nunca soube disso". Comecei a fazer as contas e percebi que meus pais eram muito novos para que tivessem memória desse fato e pudessem me contar mais tarde. Com certeza, meu avô teria sido a pessoa para quem eu poderia perguntar e ele teria informações para me contar. Aliás, meu avô era um ótimo contador de histórias. Eu gostava muito de ouvir os relatos dos tempos em que ele era mais jovem e testemunhou (pessoalmente, ou pelo rádio) grandes acontecimentos.

A cultura moderna, em especial a ocidental, menospreza um pouco a ideia da "tradição oral". É comum ouvir explicações como "essa história é conhecida só por aquilo que pais passaram para os filhos" com o objetivo de diminuir seu crédito ou valor histórico por não haver um registro escrito. Porém, na cultura antiga e até hoje na cultura oriental, a tradição oral é algo muito valioso, relevante e confiável. Ao contrário do que nosso olhar moderno e cartesiano nos faz acreditar, passar histórias de pai para filho tem valor historiográfico e pouco ruído no conteúdo (não é uma brincadeira de telefone sem fio). Imagino que, exatamente por confiarem no relato oral (e muitas vezes por não terem acesso a nenhuma forma de registro), é que os mais velhos eram extremamente criteriosos em contarem suas histórias e os mais novos comprometidos em absorvê-las.

Se pararmos para analisar, a história do mundo, da criação até o nascimento de Moisés, foi registrada graças à tradição oral. Moisés escreveu sobre o que viveu e, antes disso, sobre o que era transmitido oralmente de pai para filho desde Adão e Eva e, sim, eu acredito que Deus também passou muita informação para ele!

Vemos isso acontecendo ao longo da Bíblia, os salmistas (Salmo 78) sempre relembravam sobre as coisas grandiosas que Deus tinha feito por Seu povo. Revemos esse padrão nos discursos de Estêvão e de Paulo, no livro de Atos dos apóstolos. Eles já tinham os pergaminhos dos livros que conhecemos hoje como Antigo Testamento, porém, testemunhamos do seu compromisso em falar novamente sobre a história de Israel e as obras do Senhor para todos que os ouviam.

Por estarmos tão distantes geográfica, cultural e historicamente do povo de Israel, não temos mais tanta paixão em contar a nossos filhos sobre o passado desse povo, ainda que, claro, contemos as histórias registradas na Bíblia. Porém, há muito o que contar em nossa própria vida. São tantas as bênçãos do Senhor. E se você tem dificuldade em pensar nelas, comece com o maior testemunho de todos: a sua conversão!

Testemunhar as obras do Senhor para nossos filhos glorifica o Seu nome e oferece um fundamento seguro para a fé das crianças. Elas precisam saber que esse Deus de que falamos é também um Deus do qual "experimentamos". As histórias acerca de nossa vida com o Senhor, o que Ele já fez por nós, o que está falando aos nosso coração, o que aprendemos com Sua Palavra são essenciais para que as crianças vejam que nosso Deus é um Deus vivo. Ele é o mesmo ontem, hoje e será eternamente!

Aproveite esse incentivo e separe um tempo nos próximos dias para contar a seu filho como você se converteu. Conte como foi até a igreja, quem a convidou, se você ainda lembra de algum detalhe da Palavra ou do pastor que pregava, o que sentiu na hora do apelo ou durante a oração. Enfim, dei alguns exemplos, mas você pode ter outros aspectos para contar sobre quando conheceu a Jesus de maneira íntima e pessoal. Tenho certeza de que isso irá aquecer o coração do seu filho e aproximará vocês dois em torno da história de fé e redenção em sua família.

> *Senhor, agradeço por tudo que já vivi contigo. Que eu possa me lembrar das Tuas obras em minha vida, contar aos meus filhos com paixão e que elas sejam Teus instrumentos para aquecer a fé deles e fortalecer sua vida cristã.*

Para refletir

1. Qual foi a última vez que você contou a seus filhos sobre alguma experiência que teve com Deus (conversão, aprendizado novo, resposta de oração etc.)?

2. Se você já contou algo para eles, como foi a reação das crianças?

3. Você pergunta para seus filhos sobre as experiências deles (como foi o devocional, leitura da Bíblia, culto etc.)?

FLECHAS

Os filhos que o homem tem em sua juventude são como flechas na mão do guerreiro.

Salmo 127:4

Quando minha filha mais velha tinha 12 anos, falei para ela ligar para a distribuidora de bebidas e pedir um galão de água mineral. Ela ficou toda constrangida e perguntou por que ela precisava ligar e por que eu não poderia fazer isso. E lhe respondi: "porque você precisa aprender a falar ao telefone, você precisa aprender a se comunicar". Ela sofreu, mas ligou. E aproveitou para descobrir que das próximas vezes poderia pedir por mensagem de celular. Alguns anos passaram e, esses dias, agora aos 14 anos, instrui-a a devolver um produto na farmácia aqui nos EUA. Também foi um sucesso, mas não sem uma resistência inicial.

A vida de mãe, em muitos momentos, resume-se à necessidade de instruir e corrigir, o tempo todo, e em cada fase específica que os filhos estão. Enquanto uma de minhas filhas está aprendendo a melhorar a organização do seu quarto, a outra está aprendendo a andar sozinha na rua e a bebê segue tendo que aprender a comer com talheres. Não tenho folga em nenhuma dessas tarefas e não terei mesmo quando essas fases passarem. São cuidados, instruções e correções constantes tanto em práticas quanto em atitudes.

Mas, muitas vezes, o conflito causado pela educação nos desanima. Sabemos que nem sempre nossos filhos irão reagir da melhor forma à nossa correção ou instrução, que precisaremos de tempo para ensinar e, às vezes, já continuar a conversa devido à reação inadequada deles. Por isso, há horas em que vemos algo errado, mas pensamos "será que eu quero me estressar com isso agora?" e escolhemos deixar algumas batalhas passarem. É o certo? Sei que não. Mas também sei que isso acontece. Sou mãe de três e passo por esses mesmos questionamentos.

E, normalmente, essa quase preguiça vem por causa do atrito que será causado entre uma ordem dada e a reação de uma criança que não quer cumpri-la, não é verdade? Só de pensar no estresse, escolhemos não enfrentar algumas situações. Mas se o atrito acontece da maneira correta, tem o poder de melhorar tal situação! A Bíblia ensina que os homens se afiam assim como "o ferro afia o ferro" (Provérbios 27:17). Faz sair faísca, até parece "machucar" o ferro, mas afia, torna o material melhor para determinado fim. Naturalmente, como seres humanos que amam o que é confortável e agradável, não existe lógica em seguir para o conflito e o atrito. Mas, espiritualmente, como seres que querem ser mais parecidos com Jesus aprendemos a apreciar esse processo.

Pensando em nossos filhos como flechas, sabemos que precisamos lançá-los para o lugar correto, buscando compreender o propósito de Deus na vida deles. Mas será que serão eficientes em sua missão? Será que estão afiados para atingir bem o alvo? Como mães, nós temos um papel importante no processo de afiar nossos filhos. E isso acontece de muitas formas, inclusive nos momentos de atrito. O momento do "não", da frustração, do limite que precisa ser obedecido, da regra que deve ser seguida, da ordem e da rotina. Educamos nossos filhos não para que tenham um comportamento exemplar nem para que a nossa vida seja mais fácil, mas para que eles cresçam em estatura, sabedoria e graça diante de Deus e dos homens.

Outro dia comentei com a minha filha de 9 anos o quanto eu não tinha prazer em exigir algumas coisas dela. Durante as férias escolares aqui nos EUA, aproveitei para fazer algumas atividades com foco no ensino que ela não terá aqui e reforçar alguns conteúdos que considero serem importantes. Ela não faz com a maior alegria do mundo e a peguei reclamando algumas vezes. Então, comentei com ela: "filha, você acha que eu preferia estar fazendo as minhas coisas, cuidando da casa ou até mesmo descansando ou fazendo ditado, estudo de matemática cobrando geografia de você? Para mim, era mais fácil deixar você o dia inteiro em frente à televisão, mas eu não posso ser negligente na obra que o Senhor me confiou. Portanto, vou fazer meu trabalho com alegria!"

Ser mãe é desgastante, mas quem disse que não deveria ser? Deveríamos falar como Paulo à igreja de Corinto: "me desgastarei e gastarei tudo que tenho" (2 Coríntios 12:15) por amor. Vamos fazer o nosso melhor para afiar nossas flechas. Mas não esqueça: o ferro afia o ferro. Ou seja, deixe o atrito afiar você também! Nesse processo de educação, Deus quer nos tornar mais pacientes, amáveis, misericordiosas, fortes, consistentes. E está usando nossos filhos frustrados, mal-humorados e, muitas vezes, desobedientes para isso. Abrace o processo da paternidade de Deus em sua maternidade.

Senhor, obrigada pelo filho que me deste para amar, criar e, também, me forjar. Que o relacionamento com ele possa produzir bons frutos no meu caráter e no caráter dele. Que sejamos como o ferro afiando o ferro, confiando que o Senhor é o "grande ferreiro".

Para refletir

1. Quais são, na sua opinião, os maiores desafios na hora de educar os filhos?

2. Você consegue ver que ensinos simples (como arrumar a cama ou escovar os dentes antes de dormir) fazem parte de uma formação mais profunda do caráter de nossos filhos?

3. Você já desanimou alguma vez da sua missão como mãe? O que pode nos fazer ficar mais focadas nessa tarefa?

4. Você consegue ver áreas de sua vida em que melhorou por causa da maternidade?

PLANTIO

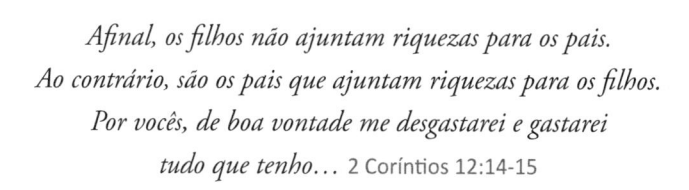

Afinal, os filhos não ajuntam riquezas para os pais. Ao contrário, são os pais que ajuntam riquezas para os filhos. Por vocês, de boa vontade me desgastarei e gastarei tudo que tenho... 2 Coríntios 12:14-15

Outro dia, em uma viagem, um pai estava repreendendo o filho por um comportamento errado; olhou para mim e disse: "é difícil colocar de castigo no hotel, né?". E eu respondi: "não acho". Logo a mãe emendou "é que daí a gente fica de castigo junto". Exato, esse é o ponto! Se queremos que nossos filhos sofram as consequências dos seus erros, precisamos ser consistentes nisso, mesmo que nos custe algo que queremos. O que é mais importante: alguns minutos a mais de prazer nas férias ou um caráter moldado pela correção presente na hora da necessidade?

Olhamos para muitas crianças bem-comportadas, adolescentes que amam a Jesus, jovens que nunca se desviaram da fé e hoje frutificam no Reino; e desejamos ardentemente que nossos filhos sejam como eles. Mas muitas vezes não estamos dispostas a pagar o preço que seu pais pagaram e continuam pagando. Queremos as laranjas que outros colheram, mas não queremos arar o campo, plantar a semente, regar e cuidar da planta, até que cresça e dê os frutos, da forma que os outros fizeram.

Existe, sim, um desgaste necessário para toda mãe que deseja criar filhos física, emocional e espiritualmente fortes e saudáveis. Assim como a gente se dedica em pensar no cardápio, cozinhar, insistir que comam frutas e legumes, limitar os doces, enfim, cuidar da alimentação; da mesma forma, devemos nos dedicar às outras áreas.

Cansa fazer devocional todo dia com criança pequena pensando em mil coisas para chamar atenção? Sim. A gente prefere ver um filme do que fazer o culto familiar naquela única noite livre da semana? Na maioria das vezes. É difícil lidar com o "não" do filho quando o chamamos para ir à igreja? Sem dúvida. Mas tudo isso faz parte da vida de uma mãe que ama seus filhos e que quer fazê-los crescer no conhecimento de Deus e em uma vida cheia do Espírito.

Hoje, minha filha mais velha já tem 14 anos e me alegro em ver alguns frutos de sementes plantadas por anos, como o compromisso que ela tem com o devocional diário, o zelo pela obediência à Palavra de Deus, o desejo em ir à igreja. Quando olho para isso, fico mais motivada a seguir ensinando as minhas filhas mais novas. Mesmo que seja difícil, há esperança de colheita. Obviamente, não superestimamos o nosso papel. Sabemos que é o Espírito Santo que dá o crescimento, porém, de nossa parte, plantaremos e regaremos a semente com esforço e dedicação; com ensino e oração.

É fácil esse caminho? Não é! Mas, citando o ditado famoso nas redes sociais: quando cansar, descanse e não desista. O Senhor tem uma promessa: "Venham a mim todos vocês que estão cansados e sobrecarregados, e eu lhes darei descanso. Tomem sobre vocês o meu jugo. Deixem que eu lhes ensine, pois sou manso e humilde de coração, e encontrarão descanso para a alma" (Mateus 11:28-29). O mesmo que nos dá o trabalho nos promete descanso para a alma. Não é para o corpo, não, porque a gente continua a trabalhar. Mas nossa alma pode estar em paz mesmo em meio à loucura que é nos dedicarmos arduamente para que nossos filhos sejam plantados na casa do Senhor. Há uma frase atribuída a Teresa D'Ávila que fala muito ao meu coração e pode ser um bom norte quando o cansaço bater: "é justo que muito custe o que muito vale!".

Senhor, quero me desgastar o quanto for necessário para que haja frutos eternos na vida de meu filho, mas peço-te: concede-me Teu descanso e renovo todos os dias. Que a Tua presença sempre seja a minha força! Obrigada por Tua graça sempre presente.

Para refletir

1. Você tem ações intencionais de educação espiritual com seus filhos?

2. Sua família já pratica disciplinas espirituais, como devocional diário e culto familiar?

3. Qual é o seu maior desejo para a vida espiritual de seus filhos no futuro?

4. O que você precisa plantar hoje com foco nessa colheita?

OBREIRA

*Lembro-me de sua fé sincera, como era
a de sua avó, Loide, e de sua mãe, Eunice, e sei
que em você essa mesma fé continua firme.*

2 Timóteo 1:5

Aos seis anos, minha filha Ana Júlia estava lendo a Bíblia durante o seu tempo devocional e chegou à ocasião em que Herodes mandou matar João Batista. Ela falou: "Herodes? Ele queria matar Jesus bebê e agora matou João Batista?". Na hora, eu expliquei que não era o mesmo Herodes, mas um dos filhos do primeiro, que mandou matar os bebês. Eu sabia dessa informação porque havia estudado sobre o tema alguns meses antes. A situação foi um pouco mais delicada com a minha mais velha, Manuela; aos sete anos quando chegou para mim com a Bíblia aberta em Levítico e perguntou: "mãe, o que é prostituta, virgem e divorciada?". Na hora pensei "de quem foi a ideia de dar a Bíblia para a criança?", mas me sentei e consegui responder às suas perguntas de maneira graciosa e conforme a idade exigia. Mais tarde (hoje ela está com 14 anos), os assuntos se tornaram mais complexos: falamos sobre criação, orar em línguas, cultura da antiguidade, soteriologia e muitos outros tópicos que me exigem fé, mas também conhecimento doutrinário, teológico e apologético

Ler, estudar e compreender a Bíblia é essencial para a nossa saúde espiritual. Precisamos estar sempre enchendo a nossa mente e coração da Palavra de Deus, que transforma nossa maneira de pensar, corrige nossos erros e guia nossos passos. Tenho certeza de que já entendemos a importância das Escrituras em nossa vida pessoal.

Porém, como mães, temos uma preocupação extra: conhecer para ensinar. Temos a responsabilidade imensa de transmitir a verdade às gerações que vêm depois de nós com clareza!

Se nós queremos que nossos filhos se envolvam com a Bíblia, precisamos estar prontos para as dúvidas que virão, como boas trabalhadoras "que não têm do que se envergonhar, e que ensina corretamente a palavra da verdade (2 Timóteo 2:15). Eles terão perguntas e nós precisamos estar aptas para responder ou, ao menos, saber onde procurar a resposta. Se não suprirmos suas curiosidades, eles procurarão outros para isso, e nem sempre serão pessoas que compartilham os mesmos princípios e valores.

Em Mateus 13, Jesus conta a conhecida parábola do semeador em que usa a metáfora da semente para mostrar como a Palavra é recebida por diferentes tipos de pessoas. E o primeiro grupo é de sementes que caem à beira do caminho e são comidas pelas aves. Jesus explicou que essas representam aquelas que ouvem a Palavra, mas não a entendem e, assim, o maligno consegue roubar a semente do seu coração. Essa mensagem deveria ser um alerta a nós, mães, que temos a função de ajudar nossos filhos na compreensão das Escrituras e não desejamos que nenhuma semente se perca.

Mais do que somente conhecer a Palavra em todos seus aspectos teológicos e doutrinários, precisamos também de uma experiência viva com o Senhor da Palavra – pois esse cristianismo vibrante também servirá de testemunho e de trilha para nossos filhos. A Bíblia fala que a fé de Timóteo, fé verdadeira, baseada nas Escrituras, não nasceu nele de forma espontânea, mas primeiro habitou em sua avó Loide e em sua mãe Eunice. Ou seja, ele era, no mínimo, a terceira geração que seguia as sagradas letras, como chama Paulo em sua carta. Foi a fé que Timóteo aprendeu desde a infância e o capacitou a receber a salvação em Cristo Jesus e, mais tarde, tornar-se um grande líder da igreja primitiva.

Talvez você se sinta intimidada ao pensar nessa grandiosa missão, mas lembre-se de que, quando falamos em ensinar "no caminho", frisamos que essa é uma jornada que fazemos junto aos nossos filhos. Não apenas apontamos para onde ir, mas caminhamos também. Temos clareza em muitos passos, mas em alguns outros aprenderemos enquanto estivermos andando. Não há vergonha em não saber, o problema está em não desejar saber. Portanto, não se contente com o conhecimento raso, aprofunde-se no entendimento da Palavra de Deus. Por você e por sua vida com Deus, mas também por seu filho e pelo legado que deixará para as próximas gerações.

Senhor, abre os meus olhos e a minha mente para que eu possa conhecer profundamente o Senhor e a Tua Palavra e que, assim, eu consiga transmitir a Tua verdade e a Tua vida aos meus filhos. Sou grata por toda revelação disponível e por Tua ajuda sempre presente, Espírito Santo.

Para refletir

1. Você se considera apta ou limitada para ensinar a Palavra de Deus a seus filhos?

2. Qual foi a última vez que leu um livro ou assistiu a uma aula sobre doutrina e teologia?

3. Seu filho já fez perguntas que você não soube responder? Você buscou saber as respostas para trazer a ele?

PADRÃO

Não imitem o comportamento e os costumes deste mundo, mas deixem que Deus os transforme por meio de uma mudança em seu modo de pensar...

Romanos 12:2

Quando eu era mais nova era simplesmente apaixonada pelo filme *Grease – Nos tempos da brilhantina* (1978). Lembro-me de assistir na televisão aberta por volta de 10 anos, mais ou menos, e cantar as músicas com a minha irmã mais velha por toda a adolescência. Quando meu marido e eu começamos a namorar, até mesmo dançamos a música *Tell me More*, em um show de talentos que tivemos na igreja, com fantasia, coreografia e tudo mais que a gente tinha direito. A história de amor entre a inocente Sandy e o incrivelmente jovem John Travolta no papel da Danny era só uma desculpa para as músicas animadas que eu cantava a plenos pulmões (provavelmente errado, porque não havia Google para aprender as letras em inglês).

Há poucos anos, comentei com a Manuela sobre essa minha lembrança da adolescência. Ela é uma filha que gosta muito de compartilhar filmes, livros e brincadeiras comigo, ter interesses em comum, ouvir minhas histórias; então, perguntou sobre o que era a história e se poderia assistir. Na hora eu disse que sim, mas que, provavelmente, teria que pular algumas cenas inapropriadas para ela. Quando começamos a assistir, notei o quão inadequado é esse filme; simplesmente, não deu para assistir! E pasme, estava com classificação indicativa "Livre para todos os públicos".

Num primeiro momento, fiquei decepcionada ao constatar a baixa qualidade de conteúdos que eu consumia na minha infância e adolescência; porém, fiquei feliz em notar que o padrão usado para assistir a filmes ou séries hoje está mais alto. Estou muito mais criteriosa e pequenas cenas ou imagens que antes eu ignorava ou desconsiderava agora me incomodam e me deixam desconfortável.

Já notei, inclusive, que não é somente em relação às minhas filhas. É claro que, com certeza, a régua ficou mais alta para aquilo que as deixo assistir. Porém, percebo que, em relação aos programas que eu consumo, estou muito mais exigente. Cenas de imoralidade, piadas de cunho sexual e, até mesmo, a violência desregrada que menospreza o valor da vida e insensibiliza em relação à morte se tornaram motivo para eu parar de assistir um filme.

Outro programa que estava na minha lista de queridinhos e passou por uma revisão foi a série *Friends*. Já assisti dezenas de vezes todos os episódios, a ponto de saber de cor várias falas e eventos icônicos que aconteceram com os seis amigos. Porém, hoje, incomoda-me a maneira promíscua de viverem e se relacionarem entre si e com os outros. Ainda que seja muito mais sutil do que os programas produzidos atualmente, não há palavrões e cenas de nudez, o padrão de comportamento exaltado é tão diferente do que aprendemos com Jesus, que comecei a questionar se deveria perder tanto tempo com os episódios ou tê-los em tão alta consideração.

A consequência natural da transformação divina em mim é que o meu filtro também fica mais criterioso nos conteúdos que permito que minhas filhas assistam, ouçam ou leiam. E isso as protegerá de exposições desnecessárias a conteúdos que elas ainda não têm maturidade para analisar e consumir sem prejuízo.

Complementarmente, é muito importante ensinarmos nossos filhos a terem seus próprios filtros porque, à medida que crescem, nem sempre teremos controle total do que assistem ou leem. Queremos que eles saibam se relacionar com o mundo que os cerca com sabedoria e discernimento espiritual para dizer *não* a alguns conteúdos e, em outros casos, consumirem sabendo separar o que foi ruim e o que pode ser aproveitado. Porém, esse é um trabalho que considera a maturidade de nossas crianças. Enquanto ainda são pequenos, e principalmente em nossas casas, nós somos os guardiões da sua mente e de seus olhos. Devemos assumir a responsabilidade em relação àquilo que deixamos nossos filhos consumirem na TV ou na internet. Mais do que isso, precisamos continuamente questionar os nossos próprios filtros: o que será que deixamos entrar em nossos olhos, ouvidos e, principalmente, em nosso coração?

Permita que o Espírito Santo alerte você sobre filmes, músicas e livros que não são saudáveis nem edificantes e que sejamos sempre sensíveis a esses avisos celestiais. Sejamos guardiões da mente e coração de nossos filhos, mas também de nossa própria mente e coração. Que possamos, como o salmista, decidir não colocar coisas impuras diante de nossos olhos (Salmo 101:3).

Espírito Santo, sou grata por ser meu guia e ajudador
em todas as coisas, inclusive no cuidado com o consumo
do entretenimento. Ajuda-me a estar sensível aos Teus alertas
e que a minha resposta seja evitar conteúdos que possam
contaminar o meu coração e o coração dos meus filhos.

Para refletir

1. Você tem filtros cuidadosos para o conteúdo que seus filhos consomem na TV e na internet?

2. Você é crítica com os conteúdos que você consome na TV e na internet?

3. Quais mudanças você acredita serem necessárias na sua casa para que a sua família consuma entretenimento de forma mais saudável?

CORPO

O corpo humano tem muitas partes, mas elas formam um só corpo. O mesmo acontece com relação a Cristo.

1 Coríntios 12:12

Quando minha filha Ana Júlia tinha 5 anos, ela precisou ser internada às pressas porque estava com um nível baixíssimo de plaquetas. Não sabíamos ao certo o que era e, após alguns exames, o diagnóstico foi de uma doença autoimune. Foi iniciado, então, um tratamento que não estava fazendo efeito nos primeiros dias. Os médicos decidiram aumentar a dose do medicamento e a melhora não estava ocorrendo da maneira esperada. Estávamos prestes a mudar para um tratamento mais agressivo, quando milagrosamente o nível das plaquetas começou a subir de maneira significativa.

Desde aquela primeira noite no pronto-atendimento do hospital até a alta, foram 8 dias de tensão e, ao mesmo tempo, de oportunidade para provar a nossa fé. Porém, lembro-me que naqueles dias de internamento, eu orava constantemente declarando minha fé no Senhor, não importando o que acontecesse. Procurava manter palavras e pensamentos de gratidão e contentamento e, simultaneamente, buscava encorajar a fé da minha filha. Com tudo isso, sentia como se não tivesse forças para ainda orar pela cura. Parecia que concentrava todas as minhas energias em manter nosso coração conectado com Jesus acima das circunstâncias difíceis, mas sem conseguir pedir pela intervenção direta naquele desafio.

Em um dia, especificamente, enquanto eu notava essa "falta de oração por cura" dentro de mim, abri meu coração a Deus e senti como um bálsamo em minha alma: "há uma família orando, um exército, uma igreja". Em todo esse período, inclusive, após a alta, quando meses de tratamento se seguiram, lembro-me de como foi importante estar conectada à igreja. Não apenas à igreja local, mas aos irmãos amados que mesmo à distância, em todos os lugares do mundo, oravam por nós e mandavam mensagens de encorajamento. Pessoas chegavam para nos visitar no momento exato em que precisávamos de um abraço, amigos trouxeram presentes para distrair a Ana no hospital, recebíamos ânimo de todos os lados, além do suporte invisível de oração que sustentava a nossa pequena e toda nossa família.

Houve um dia, em especial, que foi um momento crucial. A médica queria mudar o tratamento para uma opção mais agressiva porque o medicamento não estava fazendo o efeito desejado. Eu não queria, então, ela me deu mais uma noite para esperarmos. Porém, vi no rosto dela que já havia decidido iniciar a nova medicação, mais agressiva, no dia seguinte, pois os resultados que tínhamos até então mostravam pouca chance de mudança no quadro.

Nessa noite, especificamente, meu marido dormiu com a Ana no hospital e eu fui para casa. Lá em Curitiba, recebi uma mensagem de uma irmã que estava em Nova Orleans (EUA), ela me encorajou, pediu notícias e compartilhou a canção *Levanto um Aleluia*. No vídeo que me mandou, o compositor contou a história da música, escrita quando orava pela vida do filho hospitalizado de um amigo. Ele recebera uma mensagem do pai da criança dizendo que achava que seu filho não passaria daquela noite. Para resumir: o cantor entrou em oração, compôs a canção, o menino foi curado, o fim da história é lindo. E, para mim, foi um momento de novo ânimo; cantei e cri que aquela era a nossa noite de milagre. No dia seguinte, os resultados foram muito melhores do que o esperado e a Ana não precisou intensificar o tratamento, pela graça de Deus.

A Bíblia nos fala da importância de vivermos a unidade do Corpo de Cristo, pois há crescimento, encorajamento e ensino na vida em comunidade. O internamento da Ana foi apenas uma das muitas situações em que pude contar com o suporte dos meus irmãos e irmãs na fé. Foram inúmeras as vezes em que houve troca de conselhos, experiências e a edificação mútua pelos dons espirituais.

Mas há ainda um outro ponto fundamental da vida do corpo: o confronto. O salmista orou *"Firam-me os justos! Será um favor"* (Salmo 141:5). O relacionamento com os irmãos maduros na fé permite que sejamos exortados e corrigidos quando estivermos andando por caminhos maus. E isso é uma bênção do Pai para nós.

Até Pedro, o apóstolo, um dos pilares da Igreja Primitiva, foi exortado por Paulo quando necessário (Gálatas 2:11). O grande Paulo, por sua vez, submeteu suas revelações à igreja em Jerusalém para que fosse aprovado naquilo que estava ensinando (Gálatas 2:2). Deus não nos chamou para vivermos sozinhas, mas nos alertou para não deixarmos de andar em comunhão com os irmãos (Hebreus 10:25).

Isso não significa ir à igreja tão somente, mas estar envolvida com pessoas, de coração! Você se preocupa com os outros? Permite que se preocupem com você? Busca por ajuda e conselho? E, ao mesmo tempo, ajuda e aconselha os outros? Os membros do corpo são essenciais uns aos outros. Se você se isola, não está sendo sábia (Provérbios 18:1).

Com certeza, é mais fácil finalizar o dia sentando-se no sofá e rolando o *feed* do *Instagram* do que ir à uma reunião de célula ou pequenos grupos. Os finais de semana são mais tranquilos *maratonando* séries do que abrindo sua casa para quem precisa de conselho durante uma refeição. Porém, não vivemos para nosso próprio conforto, mas sim para fazer a vontade de Deus, amar e ser amado, como membros de um só corpo: eles precisam de você, você precisa deles. Decida se envolver com a Igreja de Jesus, para ser abençoada e para abençoar.

Senhor, muito obrigada por me dares uma grande família! Quero ser um membro ativo desse Corpo, ajudar aos outros e me permitir ser ajudada! Abre meus olhos para que eu compreenda o que é ser Corpo de Cristo.

Para refletir

1. Como você avalia o seu compromisso com a igreja local (é assídua, pontual, está envolvida com atividades além do culto)?

2. Qual foi a última vez que sentiu que a igreja teve um papel importante em sua vida?

3. Você tem o hábito de intencionalmente procurar ajudar pessoas da sua família da fé? Acha que pode melhorar nisso?

FOME

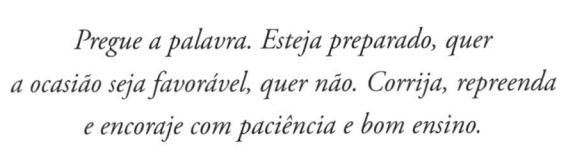

Pregue a palavra. Esteja preparado, quer a ocasião seja favorável, quer não. Corrija, repreenda e encoraje com paciência e bom ensino.

2 Timóteo 4:2

Acho que não passa um dia na minha casa sem que a gente tenha alguma conversa do tipo "a Bíblia diz tal coisa a respeito desse assunto". Aprendi há algum tempo, e procuro colocar em prática continuamente, que preciso estar sempre pronta para trazer a Palavra de Deus à realidade do dia a dia; em cada filme que a gente vê, numa conversa sobre o amigo da escola, naquela aula de história, num problema na família, na briga entre irmãos...

Nesses momentos tão corriqueiros, temos em mãos oportunidades preciosas de transbordar a Palavra de Deus: o "mais importante é servir" quando uma irmã pede um favor que a outra não quer fazer; o "façam tudo sem queixas nem discussões" para aquela tarefa doméstica que a criança não gosta; a recordação de que "fazemos tudo como se fosse para Jesus" em cada lição de casa.

E vai além: é apontar falhas de caráter no personagem de um livro, a beleza da criação num passeio pela natureza, orar em família pelo desconhecido na ambulância que cruzou conosco na estrada. Toda situação é uma oportunidade de ensinar a Palavra de Deus. Mais do que uma oportunidade, é uma necessidade. Nossos filhos estão sendo continuamente bombardeados por conteúdo mundano, externamente, e por suas próprias paixões carnais, internamente. Toda movimentação natural busca nos afastar de Deus e de Seus valores; e um cristão fraco terá dificuldades em resistir.

Gosto muito de fazer uma correlação com a comida, uma metáfora que já usei muito com as crianças também. Quando minhas filhas eram mais novas, obviamente, elas não gostavam quando eu dizia que não podiam comer três pedaços do bolo de chocolate ou todos os doces que a avó dava para elas de uma vez. Mais do que só dizer não, explicava-lhes a razão por trás da restrição do açúcar e, também, sobre a necessidade de comer frutas e vegetais.

Apresentava os fatos de uma maneira que elas pudessem entender: nosso organismo faz muito esforço para digerir aquele chocolate ou aquele doce. Não é algo bom para nosso corpo. Por isso, comemos pouco. Além de comer pouco, precisamos deixar nosso corpo forte para que mesmo essa quantidade pequena não nos faça mal. Portanto, não podemos deixar de comer alimentos saudáveis. É por comermos bem sempre que podemos comer um docinho de vez em quando.

Essa analogia se aplica às coisas espirituais: se alimentarmos nossos filhos continuamente com a Palavra de Deus, eles terão capacidade para "digerir" o eventual conteúdo do mundo sem que isso lhes contamine e faça mal. Já falamos sobre entretenimento e como é importante que nossos filhos tenham filtros sobre aquilo que consomem; filtros que são pautados pela Palavra de Deus. Mas o contato de nossas crianças com o mundo não se resume a filmes ou livros; ele também acontece no contato com colegas, professores e conhecidos que não são cristãos.

Esses relacionamentos podem estar carregados de conversas inadequadas, palavras torpes ou mesmo piadas imorais. Uma criança com o espírito forte sabe discernir o que é mau, evitar participar do que é nocivo e não se deixar influenciar por comportamentos ruins. Quando estava com 8 anos, Ana Júlia comentou que as meninas da escola começaram a brincar de serem vilãs, bruxas e coisas assim. Ainda que o faz de conta seja natural da infância, não gosto quando as crianças começam a colocar os vilões no papel de heróis ou de alguém a serem admirados e imitados. E a Ana Júlia já entende os motivos disso, e concorda. Portanto, ela veio me contar que escolheu não participar da brincadeira e, nos dias seguintes, quando as meninas queriam brincar novamente da mesma coisa, sabiamente, ela sugeriu outras opções.

Eu não conseguirei estar na escola da minha filha para orientar sobre quais brincadeiras ela deve ou não fazer ou participar de determinada rodinha de conversas. Da mesma forma, mesmo com todos os filtros que temos, não estou acompanhando todas as vezes que a minha filha adolescente está mexendo no celular. Por isso, ajo de maneira corretiva, falando sobre o que passou e ensinando (ou reforçando) o princípio naquela situação. E, também, de maneira preventiva, enchendo-as da Palavra de Deus de tal forma que não haja espaço para outras influências entrarem facilmente.

Voltando à analogia alimentar, as crianças vão aprendendo aos poucos o que é saudável. Hoje, minha filha de 9 anos já sabe dizer que comeu muito doce numa festa de aniversário, então, não vai comer mais para não passar mal. Porém, ainda há vezes que acha que sorvete é um bom café da manhã. Portanto, cabe a nós, pais, darmos o alimento espiritual adequado aos nossos filhos, mostrar sua importância e ensinarmos como buscá-lo diariamente, ao mesmo tempo que evitam aquilo que pode enfraquecer a sua fé.

Não podemos esmorecer nesse trabalho, pois o espírito de nossos filhos está sempre faminto pela Palavra de Deus!

Senhor, obrigada porque Tua Palavra é suficiente para nos fortalecer e ensinar sobre todas as coisas. Dá-me sabedoria para manejar bem a Tua Palavra e estar sempre pronta para alimentar meu filho com a Tua eterna verdade!

Para refletir

1. Seus filhos têm um bom contato com a Palavra de Deus?

2. Você se sente apta a ensiná-las no dia a dia, aplicando a Bíblia a situações cotidianas?

3. Há "alimentos" na dieta espiritual de seus filhos que precisam ser restringidos?

MISERICÓRDIA

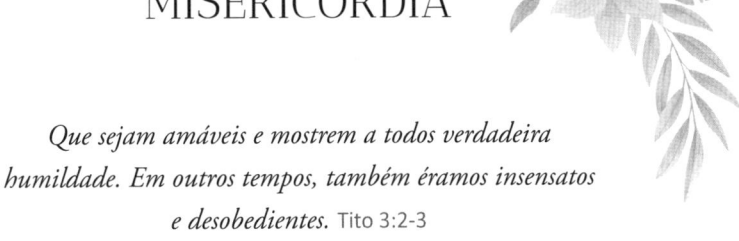

Que sejam amáveis e mostrem a todos verdadeira humildade. Em outros tempos, também éramos insensatos e desobedientes. Tito 3:2-3

Quando trabalhava fora, no centro de Curitiba, eu fazia um mesmo caminho de volta para casa. Em determinado ponto, sempre havia um pequeno engarrafamento porque quatro pistas viravam três e ninguém sabia qual carro tinha a preferência na faixa que afunilava. Eu estava convicta de estar certa, até que uma vez, um motorista nervoso buzinou para mim e me fez ver o contrário, com bastante raiva, diga-se de passagem. O caminho do qual eu tinha a convicção de que era o correto, e que o fiz por anos, na verdade, estava errado.

Dali em diante, grata pelo motorista grosseiro, comecei a fazer o certo e ficava na faixa que tinha a preferência, enquanto os motoristas do lado eram obrigados a ir em outra direção. Porém, sempre havia pessoas que pensavam como eu antes do alerta e o engarrafamento continuava. Poucos meses se passaram e eu me flagrei buzinando indignada para os motoristas que estavam cometendo o mesmo erro que eu cometera anteriormente.

O ser humano tem a tendência de esquecer dos seus próprios erros do passado ao lidar com quem está errando hoje, muitas vezes, da mesma forma e nas mesmas falhas. Você mentia, mas hoje não mente mais e, por isso, repreende asperamente o mentiroso. Você era grosseira, mas aprendeu a ser amável, por isso não tolera grosseria. Você era a campeã do "jeitinho brasileiro", mas agora é mais ética e não suporta os espertinhos. E os exemplos continuam. E, por um lado, é louvável que sejamos críticas com o pecado. Na comunhão cristã, apontar o pecado faz parte de um relacionamento de amor. O problema começa quando não cuidamos da forma como o fazemos.

Paulo, em sua epístola a Tito, orienta que devemos ser pacíficos, amáveis e humildes para com todas as pessoas. E após essa exortação, ele emenda um "lembrete": eu sei que talvez esses homens não mereçam, mas nós também éramos como eles! Também éramos insensatos e desobedientes e precisávamos de alguém que nos mostrasse compaixão. Tendo recebido uma misericórdia indescritível de Deus, devemos agora tratar os outros com a mesma misericórdia, contribuindo para que vençam seus pecados com o nosso suporte amoroso.

Toda essa teoria é linda e, muitas vezes, conseguimos nos policiar e evitar reações ruins na hora de corrigir e exortar um irmão ou irmã da igreja. Mas e dentro das nossas casas, com os nossos filhos? Muitas de nós lutamos com a impaciência na hora de ensinar as crianças, temos a tendência a explodir e vivemos com a vontade de subir o tom de voz e dar uma reposta grosseira. Porém, nossos filhos precisam de uma mãe que sempre ensina, por mais difícil que pareça, com amor, paciência e mansidão. Porque você também já precisou que alguém lhe ensinasse dessa forma (e ainda precisa em certas áreas).

Hoje, com filhas um pouco mais velhas, na pré-adolescência e adolescência, percebo que consigo ser mais paciente (nem sempre, mas tento) do que quando elas eram menores. Isso porque tenho lembranças dos meus próprios erros quando tinha a idade delas. Não consigo me lembrar das minhas birras aos 2 anos de idade, mas me recordo da minha dificuldade com a organização do meu quarto e falta de vontade de ajudar com as tarefas domésticas. Isso não faz com que eu afrouxe as regras ou exija menos, entretanto, sou mais empática diante das reações erradas e lido com elas de maneira mais complacente.

Indo além do que podemos ver nas atitudes, devemos olhar para o coração de nossos filhos com o objetivo de instruir e corrigir e, nesse processo, podemos nos surpreender com tantas emoções negativas e desejo maus que ainda habitam neles. Porém, lembremos que, assim como nós fomos salvas do império das trevas e estamos em um processo de santificação contínua, da mesma forma nossos filhos precisam dessa redenção e de alguém que os guie nesse caminho, sendo manifestação viva do Pai celestial.

O dia a dia pode ser desafiador e ensinar no caminho mais complicado do que parece, mas oremos para que possamos olhar para nossas crianças com o mesmo olhar de amor que nos foi dado quando ainda éramos insensatas e desobedientes.

Senhor Deus, sou grata pelo Teu amor que me alcançou quando ainda era pecadora. Ajuda-me a lembrar-me constantemente dessa misericórdia e desejar manifestar essa mesma compaixão às pessoas ao meu redor, inclusive e principalmente, aos meus filhos nos momentos em que eles parecem tão insensatos e desobedientes.

Para refletir

1. Quais são as atitudes de seus filhos que mais desafiam a sua paciência?

2. Você consegue ver na desobediência de seus filhos o pecado que habita o coração?

3. Como você pode, na prática, evangelizar o seu filho em momentos de rebeldia e insensatez?

4. Você acredita que a Bíblia é poderosa no processo de educação de filhos? Como?

INTERCESSÃO

Peçam, e receberão. Procurem, e encontrarão. Batam, e a porta lhes será aberta. Pois todos que pedem, recebem. Todos que procuram, encontram. E, para todos que batem, a porta é aberta. Mateus 7:7-8

Aos 16 ou 17 anos, eu trabalhava na igreja e era muito amiga de um colega que, além de trabalhar no mesmo lugar, também era um colega ministerial. Estávamos junto na equipe de liderança do ministério de adolescentes. Como nos encontrávamos bastante, eu compartilhava com ele muitas das experiências que tinha na vida espiritual. Em uma situação específica, eu estava lendo a Bíblia e o Espírito Santo abriu meus olhos para que eu entendesse muito claramente a aplicação de determinado versículo.

Lembro-me de chegar para esse meu colega, ler o versículo em questão e a fazer aquela cara de espanto misturada com alegria, como quem diz "viu só isso que está escrito aqui?". Ele ficou me olhando com uma cara de dúvida e eu insistindo na leitura do texto para que ele tivesse a mesma revelação que eu tivera. Depois de alguns instantes nessa conversa maluca, ele me olhou e disse: "Mel, nem sempre a revelação que você recebeu de Deus vai estar clara para os outros. Às vezes, você vai ter que explicar. Está tudo bem".

Naquele dia, aprendi algumas coisas muito importantes e, entre elas, está o fato de que Deus se revela de maneira individual e específica para cada pessoa durante a leitura bíblica e devoção pessoal. Muitas vezes, um texto que é lido de maneira despretensiosa pela maioria das pessoas será usado pelo Espírito Santo para falar profundamente a alguém em uma situação particular e momentânea.

Ouvi certa vez o testemunho de uma mulher que, depois de muito tempo, finalmente conseguiu convencer o marido a ir ao culto. Chegando lá, o pastor pregou sobre Mateus 1, a genealogia de Jesus. A esposa queria chorar ao pensar o quanto seria inútil aquela mensagem ao marido não crente. Imaginem a surpresa quando ele se levantou ao final do culto respondendo ao apelo para entregar a vida para Jesus. Mais tarde, disse à esposa que, ouvindo todos aqueles nomes, pensou que todas aquelas pessoas estariam no Céu, mas ele não. E foi assim, com uma lista de nomes (inclusive de pessoas que a gente não sabe o quão crentes eram), que o Espírito levou uma pessoa ao arrependimento.

A Palavra de Deus tem em si mesma o poder de produzir grandes coisas, claro, pela ação do Espírito Santo por meio dela. Isaías nos garante que a palavra que sai da boca de Deus "sempre produz frutos" e cumpre o seu propósito (Isaías 55:11). Por isso, é tão importante que nossos filhos tenham o hábito de ler a Bíblia e se expor ao Seu conhecimento.

Aqui em casa, as crianças já têm o hábito de fazer devocional há muitos anos. Junto com esse hábito delas, desenvolvi o meu próprio: o de orar para que as palavras que elas leem frutifiquem em sua vida. Todos os dias elas gastam tempo tendo um acesso intelectual a um livro devocional e a textos bíblicos, ou seja, todos os dias elas estão suscetíveis à ação transformadora do Espírito Santo em sua mente e coração. Minha oração é de que esse tempo seja visitado por Deus! E sou testemunha de que já foram inúmeras as vezes em que elas compartilharam experiências que tiveram com Deus em seu tempo devocional.

Por mais legal que seja o livro de devocional (e temos vários, muito bons), por mais criativa que seja a mãe no culto familiar ou por mais disciplinada que seja a criança em sua leitura bíblica, nada disso tem em si mesmo o poder de transformar nossos filhos. Essa obra é somente do Espírito Santo. Por isso, sempre faremos tudo o que está ao nosso alcance para levar nossos filhos a Jesus, mas toda essa ação natural precisa ser revestida da intervenção sobrenatural. Para tal, aplicamo-nos na oração. Oramos pela intervenção do Espírito Santo, que vivifica a Palavra lida, que convence a criança de seu próprio pecado e que abre os olhos dela para a compreensão profunda daquela verdade espiritual. É Ele que desperta nas crianças (e em nós também) um profundo amor pela Bíblia e um temor verdadeiro a Deus. Dele vem o crescimento de todas as sementes que temos plantado e regado na vida de nossa família.

Jesus nos orientou a orar com persistência e crer que receberíamos do nosso Pai celestial aquilo de que precisamos. Portanto, orar para que o Espírito Santo venha sobre os nossos filhos precisa ser um compromisso de toda mãe que conhece o Senhor. Para quem não tem o hábito de orar pela vida espiritual dos filhos, isso pode ser um desafio, mas há três orações de Paulo descritas no Novo Testamento que podem lhe servir de guia:

Peço que Deus, o Pai glorioso de nosso Senhor Jesus Cristo, lhes dê sabedoria espiritual e entendimento para que cresçam no conhecimento dele. Oro para que seu coração seja iluminado, a fim de que compreendam a esperança concedida àqueles que ele chamou e a rica e gloriosa herança que ele deu a seu povo santo. Também oro para que entendam a grandeza insuperável do poder de Deus para conosco, os que cremos. É o mesmo poder grandioso. (Efésios 1:17-19)

Oro para que o amor de vocês transborde cada vez mais e que continuem a crescer em conhecimento e discernimento. Quero que compreendam o que é verdadeiramente importante, para que vivam de modo puro e sem culpa até o dia em que Cristo voltar. Que vocês sejam sempre cheios do fruto da justiça, que vem por meio de Jesus Cristo, para a glória e o louvor de Deus. (Filipenses 1:9-11)

Por isso, desde que ouvimos falar a seu respeito, não deixamos de orar por vocês. Pedimos a Deus que lhes conceda pleno conhecimento de sua vontade e também sabedoria e entendimento espiritual. *Então vocês viverão de modo a sempre honrar e agradar ao Senhor, dando todo tipo de bom fruto e aprendendo a conhecer a Deus cada vez mais. Oramos também para que sejam fortalecidos com o poder glorioso de Deus, a fim de que tenham toda a perseverança e paciência de que necessitam. Que sejam cheios de alegria e sempre deem graças ao Pai. Ele os capacitou para participarem da herança que pertence ao seu povo santo, aqueles que vivem na luz.*

(Colossenses 1:9-12)

Sim, a educação espiritual inclui muitas estratégias práticas de ensino e mão na massa nas rotinas diárias. Porém, o seu fruto acontece pela ação do Espírito Santo e, da nossa parte, nos cabe intercessão e cobertura de oração sobre nossos filhos.

Senhor, sou tão grata por poder ensinar meus filhos a conhecerem a ti desde tão novos. Ajuda-me a ser diligente no trabalho e, também, na oração. Que eu sempre esteja alerta em oração pelos meus filhos e que o Teu Espírito Santo paire sobre eles e realize toda boa obra em seu coração.

Para refletir

1. A vida espiritual de seus filhos é um tópico frequente em suas orações?

2. Quais são os pedidos que você mais faz a Deus em relação a seus filhos?

3. Olhando para sua própria vida cristã e analisando os desafios da constância no relacionamento com Deus, quais você acredita serem os motivos mais importantes para orar pela fé de seus filhos?

JEJUM

Por isso, o SENHOR diz: "Voltem para mim de todo o coração, venham a mim com jejum, choro e lamento! Joel 2:12

Há alguns anos, iniciei um grupo de estudos *on-line* para ajudar mulheres a crescerem no conhecimento de Deus e no relacionamento com Ele, à mesma medida em que eu também vou sendo encorajada por esses estudos. Um de nossos encontros tinha como tema o jejum e a sua importância. Fiquei impressionada em ver quantas pessoas, mesmo cristãs há muitos anos, nunca haviam feito um jejum. Mais do que isso, algumas comentaram que, assistindo à aula, foi a primeira vez que entenderam de fato o que era o jejum segundo a Bíblia. Curiosa, fiz uma enquete no *Instagram* e cheguei aos seguintes resultados:

- 84% das pessoas que responderam não jejuam regularmente.
- 54% não fez nenhum jejum no último ano.
- 73% nunca fizeram um jejum de 24h só com água em toda sua vida cristã.
- Desses que nunca fizeram jejum de 24h, mais de 50% são convertidos há mais de 10 anos.

Claro que não é um estudo com valor científico, é apenas um recorte em uma amostragem muito pequena e específica de mulheres cristãs. Entretanto, são números que podem nos levar a uma reflexão: o quanto a igreja contemporânea compreende a importância do jejum? E mais, entende a sua verdadeira essência?

Nossa maneira cristã de ser é muito influenciada por nossas concepções de mundo e sociedade, e o tema jejum não foge a esse conflito. Há muitas interpretações confusas acerca do assunto, incluindo dois extremos. De um lado, a prática é vista como uma negociação com Deus: eu sofro para que Ele me atenda, à semelhança da automutilação de religiões e seitas pagãs. Obviamente, isso é um grande equívoco, uma vez que não podemos comprar ou merecer a bênção: recebemos tudo pela graça divina.

O outro extremo é achar que o jejum não deve ser realizado, uma vez que vai de encontro ao nosso prazer e bem-estar. Em um mundo em que a felicidade individual é tão importante, como crer que Deus quer que eu "sofra"? Além disso, sempre há argumentos aparentemente louváveis para não o fazer: "preciso me alimentar bem para cuidar do templo do Espírito Santo".*

Eu mesma tinha bastante dificuldade em fazer jejum, principalmente por não entender por que deveria fazê-lo. E, sim, antes que você aponte esse fato: não há no Novo Testamento nenhuma ordem para jejuarmos. No Antigo Testamento, havia apenas um dia no ano em que a nação era convocada ao jejum pela lei, ainda que houvesse muitos outros momentos em que ele acontecia. Mas, nas Escrituras, vemos o princípio por trás dessa prática e, também, temos as palavras de Jesus: "quando jejuarem..." (Mateus 6:16-18). Entendemos que há uma expectativa do Senhor de que seus discípulos jejuassem, incluindo eu e você.

A disciplina espiritual do jejum tem como principal objetivo mortificar a nossa carne, enfraquecer o nosso "eu": é a estratégia perfeita para conscientemente dominarmos nossos desejos mais

---

* [N.E.: Se você tem alguma condição física em que a prática do jejum possa prejudicar a sua saúde, o aconselhável é procurar uma orientação adequada junto a um profissional da área médica.]

primitivos em prol de buscar mais a Deus para que Ele produza Seu caráter em nós.

Ao ignorar a fome (necessidade fisiológica) e o desejo de comer (que é lícito, porém não pode nos controlar), desenvolvemos uma disciplina natural que nos ajudará a dominar sobre outras áreas de nossa vida. Porém, não queremos apenas essa disciplina natural, desejamos também a intervenção sobrenatural para que o Espírito Santo produza o seu fruto em nós. Portanto, lembremo-nos: o jejum é a abstinência de alimentos por um período. No jejum espiritual, nosso objetivo não é emagrecer, mas dominar a nossa carne e dedicarmo-nos a Deus. Assim, a maneira mais simples de colocar isso em prática é orar e ler a Bíblia no tempo em que você estaria comendo.

Sei que, como mãe, nem sempre conseguimos nos afastar nos momentos das refeições, portanto, intensifique o quanto puder os seus momentos de leitura bíblica e oração, e, é claro, mantenha-se em espírito de oração, buscando ouvir Deus nas pequenas coisas e procurando controlar seus impulsos carnais que levam ao pecado. Ouse jejuar periodicamente e perceba o seu espírito se tornando mais sensível às coisas de Deus.

Senhor, ajuda-me a tornar o jejum uma prática em minha vida.
Desejo dominar meu corpo mortal a fim de me tornar mais sensível às coisas imortais. Porém, ajuda-me a entender que não estou negociando com o Senhor por meio do jejum e nem buscando santificação por minha própria força.

Para refletir

1. Você já fez jejum espiritual ou faz periodicamente?
2. Para você, o que é o jejum espiritual?
3. Como você pode incluir a prática do jejum em sua vida? Existem várias formas de começar: renunciar a uma refeição semanal, ficar sem comer por um período determinado de tempo ou mesmo incluir um dia de jejum em sua rotina.

MEMÓRIA

Ainda ouso, porém, ter esperança quando me recordo disto: O amor do SENHOR não tem fim! Suas misericórdias são inesgotáveis. Lamentações 3:21-22

Quando tínhamos por volta de 10 anos de casados, meu marido e eu fomos a um retiro de casais e, entre as muitas atividades propostas, havia um momento em que fomos desafiados a anotar as razões pelas quais nos apaixonamos um pelo outro. Deveríamos recordar as características que admirávamos e, também, os sentimentos que tínhamos no início do relacionamento. O objetivo, claro, era nos lembrar daquilo que amamos no cônjuge e que muitas vezes é esquecido à medida que o tempo passa. Não existe nada de místico em acessar essas memórias, mas é uma ação prática de levar nossa mente a focar naquilo que é mais produtivo e encorajador.

Saber direcionar nossos pensamentos, e consequentemente nossas emoções, é uma ferramenta poderosa em nosso dia a dia; especialmente, em tempos difíceis. Já comentei sobre a internação da Ana Júlia e, quando ainda estava no pronto atendimento, foram feitos alguns exames para tentar encontrar um diagnóstico. Um dos objetivos era descartar leucemia, algo que nenhuma mãe quer nem imaginar. Lembro-me de que se passaram aproximadamente uns 40 minutos até o resultado ficar pronto. Enquanto eu aguardava, fazia tudo o que estava ao meu alcance: orava a Deus para que Ele viesse em nosso favor.

Entre as coisas que eu pensava ao caminhar por aquele hospital era sobre o que Ele já tinha feito em nosso favor. Quando a Ana nasceu, ela ficou 20 minutos sem respirar e, por um milagre, não teve nenhum tipo de sequela. E esse não foi o único milagre que já testemunhamos em família, já vivemos muitos outros. E essas lembranças das intervenções de Deus ajudaram a fortalecer a nossa fé em momentos difíceis que passamos, como naquele hospital e, por isso, eu orava: "o Senhor já salvou a Ana Júlia da morte quando ela nasceu. Não há nada difícil demais para ti".

Lembrar-se que as grandes ações divinas por nós dão um novo ânimo em momentos de crises. O Senhor sabe disso, por isso sempre ordenou que Seu povo relembrasse de Suas intervenções do passado, como a libertação do Egito, como uma forma de estarem prontos para os desafios da vida diária e o futuro. Essas histórias sobre Israel nos servem de inspiração e encorajamento para nossos dias.

Talvez você se sinta propensa a dizer que não tem grandes testemunhos para trazer à memória, mas eu tenho alguns lembretes para você. O primeiro é que Deus não age só nas grandes coisas, mas também nas pequenas. Busque estar sensível ao agir de Deus também nos detalhes e você sempre terá o que agradecer. Em segundo lugar, sua família espiritual está repleta de testemunhos para contar. Ouça seus irmãos da igreja local, mas também ouça as histórias do povo de Deus ao longo da Bíblia. E não esqueça que todos esses relatos culminam na maior bênção que você poderia receber: a salvação da sua alma pelo sacrifício de Cristo Jesus!

Nos dias em que as coisas parecerem muito difíceis, lembre-se: você é filha amada de Deus, adotada na família celestial. Essa bênção é suficientemente grande para ser seu sustento em todo o tempo.

Querido Deus, obrigada por Tuas tantas intervenções em favor da humanidade, Tuas bênçãos em minha vida e, em especial, a redenção! Quero sempre me lembrar delas para que me sustentem todos os dias e sejam testemunho em meus lábios.

Para refletir

1. Qual foi a bênção mais recente que você recebeu de Deus?

2. Você consegue notar o cuidado de Deus no dia de hoje, mesmo nas pequenas coisas?

3. Já viveu algum momento em que a lembrança de intervenções divinas foi essencial? Conte como foi.

TESOURO

Abre meus olhos, para que eu veja as maravilhas de tua lei.

Salmo 119:18

Eu tinha 15 anos e pouco mais de um ano de conversão quando li a Bíblia toda, de capa a capa, pela primeira vez. A tarefa era uma das exigências para formatura na escola bíblica da igreja que eu frequentava. De lá para cá, já fiz a leitura de Gênesis a Apocalipse algumas dezenas de vezes e, preciso confessar, que em muitas delas encontrei dificuldades para "sobreviver" a alguns trechos desafiadores do Pentateuco além de genealogias aparentemente infindáveis.

Mas aconteceu que, um dia, decidi não mais passar por essas leituras de maneira superficial e apressada, e passei a pedir para que o Espírito Santo me ajudasse a enxergar o que eu não conseguia ver. Mais do que simplesmente ler, queria compreender o que a Bíblia queria me ensinar. A prática de orar "abre meus olhos para que eu veja as maravilhas da tua lei" antes de ler a Bíblia me acompanha há mais de uma década, inclusive, ensinei o mesmo para minhas filhas, mas, mesmo assim, eu me fechava em alguns trechos específicos das Escrituras. Mas decidi me abrir completamente; e não somente de maneira passiva, mas ativa: o que posso aprender com isso hoje?

Logo me vi impactada ao perceber detalhes sobre os quais nunca tinha pensado, coisas que aparentemente estavam escondidas nas páginas das Escrituras. Por exemplo, você já pensou em como Deus "investiu tempo" estabelecendo leis mesmo para questões simples e cotidianas porque Ele se importa profundamente com Seu povo e Seus problemas? Um Deus justo e soberano sobre todo

Universo orientando como agir quando um animal morrer porque caiu num buraco que ficou aberto irresponsavelmente. Ou notou que na genealogia de Jesus, em Mateus, são citadas cinco mulheres? Tamar e a mãe de Salomão, vítimas de injustiças em sua própria vida; Raabe e Rute, mulheres de povos pagãos, mas que escolheram servir ao Senhor e foram incluídas na história mais importante de todas, e Maria, a obediente serva que se tornou mãe de Jesus. Quantas lições preciosas podemos tirar de uma genealogia aparentemente chata e sem propósito para nossos dias!

As Escrituras nos dizem que tudo o que está escrito é para "nos ensinar" (Romanos 15:4), portanto não podemos ignorar o que foi relatado na Bíblia. Há muitos dias em que me sinto sem grandes novidades como se estivesse lendo uma lista telefônica (denunciei minha idade agora). Mas lembro que existe algum tesouro que posso descobrir com a ajuda do Espírito Santo. Há algo precioso para nossa vida hoje mesmo nos mais antigos relatos. Quando decidimos ler e meditar na Palavra de Deus, podemos encontrar respostas e aplicações sobre o que nunca havíamos imaginado. Mas é necessário buscar, analisar, refletir e realmente desejar aprender com atenção.

Uma prática que tento ter diariamente e cobro das minhas filhas é buscar anotar algo sobre o texto lido naquele dia. Não importa o que, escrevam algo. Isso nos força a pelo menos procurar algo a destacar por escrito e nos faz desenvolver o hábito de ler o texto em busca de pérolas. E quando digo pérolas, não estou falando de grandes revelações: você não precisa redescobrir a roda nem achar a data da volta de Jesus na sua leitura bíblica. Muitas vezes, você só vai notar uma palavra que nunca tinha reparado no texto que já leu dezenas de vezes ou simplesmente vai resumir a história: "Jesus curou mais uma pessoa, Ele se importa".

Leia o texto bíblico pensando: O que ele quer me dizer hoje? Como isso impacta a minha vida? Como devo responder àquilo que aprendi nessa leitura? A partir de agora, como devo viver com base na verdade que conheci? Acredite: existe uma resposta divina já proferida para sua vida, apenas aguardando ser encontrada por um coração curioso e dedicado.

Senhor, obrigada por Tua palavra escrita que me ensina e fala comigo. Que eu esteja sempre atenta para ouvir o Teu sopro em minha mente e em meu coração, fazendo-me compreender as verdades preciosas e eternas das Escrituras

Para refletir

1. Quais passos você segue em seu devocional diário? Você faz anotações?

2. Existe algum livro da Bíblia que você nunca leu porque é "muito difícil"? Ou leu apenas por obrigação?

3. Quais estratégias você pode usar para entender melhor as Escrituras?

4. Na sua igreja, há recursos para lhe ajudar no estudo e compreensão da Bíblia? Você os aproveita?

DESCANSO

Venham a mim, todos vocês que estão cansados e sobrecarregados, e eu lhes darei descanso.

Mateus 11:28

Em 2020, decidi encarar o desafio de fazer a minha primeira meia maratona; por enquanto, ainda foi a única. Naquele dia, foram mais de 21 km percorridos e uma alegria imensa de completar essa prova. Antes disso, eu já tinha feito uma meia dúzia de treinos individuais de 18 km até 22 km, que foram muito difíceis. Ouso dizer que foram mais difíceis do que a prova em si. Claro que meu objetivo não era bater nenhum tempo específico; simplesmente, era terminar a corrida, o que torna a prova mais divertida do que desafiadora. Mas, para mim, um dos grandes benefícios dessas corridas coletivas são os postos de hidratação. De tempos em tempos, você encontra um grupo de pessoas dando água para os corredores; no caso da meia maratona, de 5 em 5 km. E cada gole parecia oferecer um novo fôlego para continuar.

Gosto muito de fazer a analogia de que a vida de mãe é tão desafiadora quanto uma corrida de rua, e que não acaba no fim dos 10, 21 ou 42 km. Continuamos 24 horas por dia, 7 dias por semana, instruindo, corrigindo, educando, controlando os ânimos para não surtar, ajuntando brinquedos do chão, fazendo comida, dando ordens. É um trabalho intenso e permanente! Mas que pode beirar o insuportável quando nós não "paramos no posto de hidratação".

Quando tentamos levar tudo nas costas sem recarregar as energias, chegaremos à exaustão física e emocional. Por melhor que sejam nossas intenções, é humanamente impossível levar todas as funções da maternidade, mais casa, trabalho, casamento, vida pessoal com harmonia e leveza sem manter nossa vida espiritual em mais alta estima. No meio dos dias caóticos, Jesus chama: "venham a mim todos vocês que estão cansados". Cristo tem um descanso preparado para você, cada vez que você se achega a Ele e conta suas lutas, fraquezas, dores e exaustão. Ele quer dar refrigério, um novo ânimo e uma nova força para os próximos quilômetros da jornada.

Cito esses versículos com frequência ao falar para mães cansadas e, algumas vezes, ouço pessoas dizerem que não conseguem receber essa força para aguentar o dia a dia. E penso que, talvez sejam as nossas expectativas que estão erradas. Em Mateus 11:29, Jesus diz para tomarmos o jugo dele e que Ele daria descanso para nossa alma. Recentemente visitei uma instituição que mostrava como era a vida dos colonos americanos no século 18 e tive o privilégio de "vestir" um jugo de madeira que era usado pelas pessoas para carregarem baldes de água do poço.

Esse acessório ajuda muito no trabalho de carregar coisas, mas ele não é necessário quando você não precisa carregar nada. Se Jesus está nos chamando para trocar o jugo, entendo que continuaremos precisando de um (agora o jugo dele, que é suave) porque o trabalho continua. Jesus não disse que Ele aliviará as suas tarefas, que irá diminuir suas atividades ou que mudará as atitudes desafiadoras de seus filhos ou marido. Ele promete descanso para a *alma* e chama você a tomar para si o Seu "jugo": caminhar em Seus passos de maneira leve e suave.

Cristo deseja, primeiramente, levar-nos a realizar o que é da Sua vontade, deixando de nos sobrecarregar com o que não é prioridade. Com isso, Ele quer alinhar nossa visão sobre nossas tarefas para que possamos olhar com os olhos dele e, então, ter novo ânimo para realizá-las. Muitas vezes, não recebemos o descanso porque estamos esperando sermos dispensadas do trabalho, quando, na verdade, Ele quer nos mostrar o caminho da leveza em nossos afazeres diários; ensinar-nos a correr e não se cansar, caminhar e não desfalecer (Isaías 40:31).

> *Querido Deus, encontro-me cansada e sobrecarregada tantas vezes. Mas peço que o Senhor me conceda o descanso a minha alma e me dê forças para realizar com alegria todas as minhas tarefas; grandes ou pequenas. Ajuda-me a entender o que significa fazer o trabalho usando o Teu jugo!*

Para refletir

1. Atualmente, com que frequência você se sente exausta com as funções da maternidade?

2. Você tem o hábito de falar sobre sua exaustão para Jesus em oração?

3. Você já teve a experiência de se sentir recarregada espiritualmente e com novo ânimo para as tarefas do dia a dia?

4. Você acredita que a sua vida espiritual impacta a sua maneira de lidar com a maternidade?

FAMÍLIA

*É melhor um pedaço de pão seco e paz
que uma casa cheia de banquetes e conflitos.*

Provérbios 17:1

Em 2020, quando começou a pandemia da COVID-19 e foi estabelecido o isolamento e quarentena, muitos casamentos começaram a ruir e pais se viram enlouquecidos com a ideia de passarem os dias com as crianças dentro de casa. É claro que a mudança de rotina é impactante e afeta todo mundo, mas em muitos lares, o problema foi outro: o isolamento revelou a triste realidade de famílias que não têm prazer em estarem juntas. Casais que apenas se suportam no cotidiano, pais que não têm alegria em estar com as crianças, pessoas que parecem parentes distantes sem nada em comum. Isso não poderia estar mais distante do desejo de Deus para as famílias.

Você se sente assim de vez em quando? Com mais alegria no trabalho ou no seu lazer individual do que em casa? Com pouca vontade de estar com seu marido e filhos? Isso não é plano de Deus para você e é o início de um caminho perigoso para seu casamento e para o relacionamento com as crianças. "Mas é que meu marido é muito grosseiro", "meus filhos me tiram do sério!", "só tem tarefa para fazer em casa". Tenho certeza de que você tem muitas razões verdadeiras para se sentir dessa forma. Porém, a Bíblia traz para cada cristão a responsabilidade de cultivar uma atitude interior correta a despeito das circunstâncias em que vivemos. Mais do que isso, é nossa função não apenar praticarmos o contentamento em toda e qualquer situação, como também sermos agente de mudança!

Em momentos difíceis, sempre me lembro do livro *O refúgio secreto*, de Corrie ten Boom (Publicações Pão Diário, 2021). Ela e sua irmã estavam presas em um campo de concentração nazista; mesmo assim, Betsie, a irmã, mantinha uma atitude de constante contentamento e alegria em um lugar que, sem dúvida, poderia ser chamado de *vale da sombra da morte*. Ela até mesmo agradeceu a Deus pelas pulgas do colchão em que dormiam. Além de sua atitude impactar positivamente sua irmã, Corrie, também trouxe alívio para muitas pessoas que sofriam sob a mesma situação.

Talvez sua família esteja passando por uma fase difícil, mas tenho certeza de que não se compara à situação de um campo de concentração; por isso, certamente, há motivos de gratidão a serem encontrados em seu lar. Não precisamos desejar viver um comercial de margarina, porque essa realidade dura apenas os 30 segundos da propaganda mesmo, mas podemos viver a promessa divina de que há bênção dentro do lar e a família é um sinal de Seu cuidado e favor sobre nós (Salmo 68:6).

Se você nota que o seu lar está sendo um lugar nada agradável de viver, sua família não tem um relacionamento saudável e falta amor, tenho uma boa notícia: você já conseguiu observar coisas que precisam melhorar. E Deus quer usar suas mãos para mudar essa situação por intermédio de ações externas que começam com uma atitude interior de apreço pelo seu lar e contentamento com o que o Senhor lhe deu.

Uma atitude de contentamento interior não tem a intenção de negar a situação exterior que pode, de fato, ser aflitiva e turbulenta. Porém, serve como uma âncora na tempestade momentânea em que passamos, dando forças para suportar os dias ruins. Lembrar os motivos pelos quais você pode ser grata serve como uma lente para enxergar cada momento, focando nessas bênçãos que estão mais próximas de seus olhos e permitindo que elas sejam um filtro que dá uma nova cor à realidade que você vê. Mais do que isso, seu contentamento servirá de luz, de guia, de referência. Sua atitude de se alegrar em seu lar e amar até mesmo os que estão temporariamente pouco amáveis alegrará seu ambiente, seu redor será transformado e servirá de exemplo para todos que convivem com você. A Bíblia resume isso desta maneira: "Não se deixe vencer pelo mal, mas vença o mal com o bem" (Romanos 12:21 NAA).

Querido Deus, ajuda-me a encontrar alegria dentro do meu lar, nos bons momentos, mas também nas situações desafiadoras. Que eu mantenha uma atitude interior fortalecida pelo Teu Espírito Santo, que se reflete em ações e palavras agradáveis e transformadoras.

Para refletir

1. Você tem alegria em estar com sua família?

2. Que atividades você realiza, ou que poderia realizar, junto a seu marido, para passarem tempo de qualidade juntos?

3. E com as crianças? Que atividades você pode realizar com elas para que todos se divirtam, mesmo que exija esforço de sua parte?

4. O que você e sua família podem fazer juntos essa semana para passarem tempo de qualidade juntos?

MILAGRES

Jesus Cristo é o mesmo, ontem, hoje e para sempre.
Hebreus 13:8

Ao longo da minha vida com Deus, já vi muitos milagres acontecerem na minha família: as minhas duas filhas são fruto de ações sobrenaturais de Deus desde o nascimento. E, mesmo jovens, já viveram curas miraculosas em sua saúde. Vimos a intervenção surpreendente de Deus também em situações financeiras, relacionais e no simples cotidiano. E, por isso, quando algo impossível surge, seja em nossa vida ou de pessoas próximas, incentivo-as: vamos orar! Porque Jesus ainda faz milagres hoje e quero que elas sempre saibam disso e nunca deixem de buscar.

Creio que o Senhor espera que busquemos essas intervenções miraculosas sabendo que elas podem, sim, acontecer, porque não há nada difícil demais para Ele. E, também, porque esses sinais glorificam Seu nome e servem de indícios para os incrédulos. Porém, é necessário que nossa busca seja acompanhada do entendimento de que nem sempre as coisas sairão como nós imaginamos; entendimento que nossos filhos devem ter desde a infância!

Quando eu estava grávida pela terceira vez, lembro-me de um dia que fui orar com a minha filha do meio antes de dormir e, na sua oração, ela pediu: "Senhor, abençoa o bebê que está na barriga da mamãe, que ele chegue com segurança e que não haja nenhum problema como foi comigo e com a Mani. Mas se acontecer, que o Senhor cuide dele". Esse momento foi tão precioso para mim, por inúmeros motivos. Primeiramente, ela espontaneamente decidiu orar por algo importante. Em segundo lugar, ela se lembra da sua história e da irmã, que passaram problemas na gravidez e no parto, e reconhece que foi o Senhor que cuidou delas. Por fim, ela sabe que a resposta à sua oração não vai ser necessariamente o que pediu, porém Deus continua soberano em qualquer situação.

Sei que nem sempre temos essa mesma atitude em nossa vida de oração, assim como minha filha também não tem, mas deveríamos buscar essa confiança profunda no caráter de Deus: confiança que nos leva a pedir milagres extraordinários porque sabemos que Ele é capaz de os fazer, mas ao mesmo tempo nos permite descansar na espera da resposta que, mesmo não sendo exatamente o que pedimos, estará sob a soberania divina e Sua bondade. Essa é uma fé que não se baseia apenas no que recebe de Deus, mas sabe que o ama por aquilo que Ele é!

Em nossas buscas e orações, a resposta de Deus, muitas vezes, não será a mudança extraordinária da situação que nos aflige, mas a transformação profunda dentro de nosso coração e isso também é miraculoso. Deveríamos ansiar por esses milagres interiores tanto quanto desejamos ver o mar abrindo e o maná descendo do Céu.

Estava no culto esses dias e a música do louvor falava sobre Deus ainda derrubar gigantes e destruir muralhas. Sei que, em alguns contextos, essa canção seria perfeita para sustentar uma teologia da prosperidade ou o evangelho coach, o que importa é ser feliz e Deus vai abrir as portas da esperança para você. Mas, dentro de uma Igreja bíblica e saudável, essa oração também tem seu lugar. Entendo que muitas pessoas lutam com doenças, dificuldades financeiras, relacionamentos que precisam ser restaurados, situações que precisam e podem receber a intervenção miraculosa de Deus. Mais do que isso, entretanto, todos nós enfrentamos os gigantes da maldade e as muralhas do pecado em nosso próprio coração. Somos desesperadoramente necessitados do Salvador que realiza milagres em nosso interior corrompido e produza em nós o caráter de Cristo diariamente.

Hoje quero incentivar a sua fé: leia sobre os milagres de Jesus, ouça histórias de intervenções do Senhor nos dias de hoje e aumente suas expectativas para aquilo que Deus pode fazer em sua vida. Mais do que simplesmente buscar as mudanças exteriores, coloque-se com um coração moldável diante dele. Perdão, restauração, cura de traumas do passado, isso tudo também é milagre! E Ele quer realizá-los na sua vida hoje. Por onde você vai começar a pedir?

Querido Deus, creio que o Senhor ainda realiza milagres e quero vivê-los, a começar no meu coração. Quero também ser canal de milagres para aqueles que precisam, levando cura, restauração e libertação aos que clamam pelo Senhor.

Para refletir

1. Você crê que os milagres de Jesus ainda acontecem nos dias de hoje?

2. Você já viveu algum milagre que pode contar aos outros?

3. Sua família busca intervenções de Deus nas questões do dia a dia? E nas situações aparentemente impossíveis também?

4. Quais são os milagres: interiores e exteriores, que você gostaria de pedir ao Senhor hoje? Compartilhe com uma irmã em Cristo para que orem uma pela outra.

LIVRE

"Tudo me é permitido", mas nem tudo convém. "Tudo me é permitido", mas não devo me tornar escravo de nada.

1 Coríntios 6:12

No início de 2019, fiz um voto espiritual e decidi parar de tomar refrigerantes, pois era viciada em refrigerantes *diet*. Tomava tranquilamente uma garrafa de 2 litros todos os dias. A situação era tão séria que se, por exemplo, se chegasse em casa muito tarde e não tivesse Coca na geladeira, eu ia na farmácia 24 horas para comprar. Quando era convidada para ir à casa de alguém para uma refeição, oferecia-me para levar as bebidas para garantir que tivesse a minha favorita! Isso não era normal.

Nesse mesmo ano, meu marido e eu seríamos ordenados como diáconos e decidi fazer esse voto: deixar de tomar Coca até o dia da ordenação, como um sacrifício a Deus. Foi necessária muita firmeza de coração para manter essa decisão, pois realmente não tinha o controle do consumo.

Como era um sacrifício para Deus, foi mais fácil dizer não à minha vontade. Porém, depois que voltei a tomar refrigerante, mais controladamente, graças a Deus, percebi que a disciplina não era tão forte quando era apenas uma opção natural. Quando opto por deixar de tomar ou comer algo, por dieta ou mesmo consciência de que não está me fazendo bem, é algo muito mais difícil de cumprir. Sou muito mais fraca para manter essas decisões. Falta-me disciplina!

A falta da capacidade de dizer "não" para algo agradável em prol daquilo que é o melhor está diretamente ligada à ausência de disciplina; em termos bíblicos, a falta de domínio próprio. Quantas vezes deixo a atividade física para depois, faço escolhas alimentares erradas ou mesmo não tenho o meu tempo devocional como o programado? Mesmo sabendo que tenho que fazer determinadas coisas, o conforto momentâneo vence muitas vezes.

Para alguns temperamentos, manter a disciplina é algo um pouco mais fácil em termos de organização e rotina, mas nem sempre o é no mortificar a carne com seus desejos maus. Porém, o Senhor nos libertou para não sermos escravos de mais nada, a não ser Seu servo.

A construção da disciplina em nossa vida, e na vida de nossos filhos, é um trabalho conjunto entre o homem e o Espírito Santo. Buscamos a ação sobrenatural dele produzindo domínio próprio no coração, mas também trabalhamos no desenvolvimento de hábitos conscientes. É todo dia dizer "não" para o que é mais confortável, de menor valor, e "sim" para as coisas que são mais valiosas. Desde cortar os 5 minutinhos a mais na cama pela manhã para cumprir seus compromissos no horário até diminuir o entretenimento para dar mais atenção às disciplinas espirituais.

Não é uma tarefa fácil, porém é uma decisão pessoal de corresponder com aquilo que o Espírito Santo está produzindo em nós. Paulo dá muitas orientações aos cristãos quanto a isso. Em Romanos 6:12-14, ele alerta para a importância de não entregarmos nossos corpos: mãos, língua, mente, coração para o pecado, pois assim estaremos novamente nos colocando debaixo do seu domínio. Logo, dominados pelo pecado, pecaremos mais em um ciclo. Nós, porém, fomos libertados do pecado para sermos escravos da justiça e devemos nos portar como tal.

Entretanto, não é somente o pecado que pode nos dominar. Há muitas atitudes lícitas que nos prendem, tomam nosso tempo e, de repente, podem se tornar nossos senhores e, consequentemente, um pecado mesmo que não o fosse originalmente. O versículo de abertura desse capítulo dá início a uma conversa sobre imoralidade sexual, mas ele é naturalmente aplicável em outras áreas de nossa vida. E fica ainda mais claro na tradução na Nova Bíblia Viva (edição 2011): "'Posso fazer qualquer coisa que eu quiser', mas algumas dessas coisas não são boas para mim. Mesmo que me seja permitido fazê-las, eu recusarei, se achar que elas terão um domínio sobre mim que não poderei facilmente deixar quando quiser" (1 Coríntios 6:12 NBV).

Se não podemos deixar facilmente, aquilo está nos dominando. Mesmo que não seja pecado, essa luta em abandonar é um sinal importante de que precisamos rever nossa relação com aquele alimento, série, *hobby*, hábito etc. O único que deve governar nossa vida é o Senhor Jesus, pois nós já fomos crucificados com Ele junto com nossas paixões e desejos.

Espírito Santo, produza em meu coração o domínio próprio e ajuda-me a ser disciplinada para escolher o que é melhor, mesmo que não seja o mais agradável. Mostra-me também se há hábitos ou outras coisas em minha vida que estão me dominando. Desejo ser governada somente pelo Senhor.

Para refletir

1. Existe algo em sua vida que você diria "Eu não consigo viver sem isso"?

2. Já houve algo que você tentou abandonar, mas foi muito difícil ou quase impossível?

3. Você consegue identificar prisões do passado das quais Jesus a libertou?

4. Você ensina aos seus filhos sobre a importância da disciplina?

GUIA

O Senhor diz: Eu o guiarei pelo melhor caminho para sua vida, lhe darei conselhos e cuidarei de você.

Salmo 32:8

Em uma das nossas últimas viagens de férias no Brasil, antes de mudarmos para os Estados Unidos, tivemos o privilégio de visitar as Cataratas do Iguaçu. É um passeio absolutamente maravilhoso! Para chegar até à queda d´água principal, nós descemos do ônibus em um ponto específico do parque e fomos caminhando por uma trilha no meio do bosque, onde pudemos ver outras cachoeiras menores além de contemplar a natureza.

Todo caminho, um pouco mais de um quilômetro, é muito bem-sinalizado e com uma boa estrutura para caminhada. Nossa filha do meio, aos 7 anos, muito empolgada, às vezes andava à nossa frente. Porém, bastava ver alguma alternativa na trilha que ela parava e aguardava que o pai desse a direção em que ela deveria ir. O objetivo era saber o caminho correto, mas também o mais seguro e, ainda, aquele que desejávamos para nosso passeio. Para onde ela deveria ir ou nós queríamos ir.

A exemplo de Deus, os pais têm essa função na vida dos filhos: oferecer um caminho seguro, apropriado e, também, o desejável. Precisamos ensinar sobre o que é necessário fazer, ou não fazer, para que cresçam de maneira saudável física e emocionalmente, apontar o moralmente correto e ainda educar a vontade, ajudando as crianças a terem um coração inclinado para o desejo do que é bom, correto e belo.

Quando educamos nossos filhos, pensar dessa forma é essencial. Não existe uma boa educação sem que nosso coração esteja comprometido em trabalhar continuamente para apontar o bom caminho. Porém, nem sempre é instintivo; ao contrário do que algumas pessoas estão propensas a achar e, até mesmo, a propagar, educar os filhos precisa muito mais do que apenas intuição.

Isso porque somos mulheres que ainda têm uma natureza caída dentro de si, atitudes pecaminosas que tentam se sobressair em nosso cotidiano. Assim, inúmeras são as situações em que nós mesmas boicotamos a formação apropriada das crianças. Ações educativas profundamente importantes podem ser deixadas de lado devido a nossa preguiça, pelo desejo de agradar, na tentativa de evitar a frustração, para manter o conforto imediato. Enfim, são ações e reações naturalmente mais agradáveis e cômodas, porém que deixam de lado o trabalho importante de educar.

Deus nos deu filhos, Seus pequeninos amados! Essa é uma grande responsabilidade e, por isso, é necessário que assumamos o compromisso de sermos guias a eles. Para isso, entretanto, precisamos estar seguros e convictos pelo caminho que os levaremos. São três as formas de obtermos essa convicção e essa segurança: já tendo andado por esse trajeto, termos sido previamente instruídos ou termos um mapa seguro de onde devemos ir.

Muitas de nós são cristãs há muito tempo e temos boas experiências espirituais para compartilhar com nossas crianças. Outras estão sendo instruídas e, por isso, podem ensinar sem medo. Todas nós temos a segurança do "manual de instruções do Criador", a Bíblia, que nos mostra com clareza os caminhos e direções. E sempre contamos, graças a Deus, com o Espírito Santo, nosso Ajudador, que nos orienta, esclarece e direciona.

Da mesma forma, será com nossos filhos. Eles contarão com nossa experiência, instrução e, também, com a ajuda do Espírito

Santo. Por muitos caminhos, estaremos junto a eles; porém, em tantos outros apenas apontaremos o caminho e eles deverão continuar sozinhos. Lembro-me até hoje, com frio na barriga, do primeiro dia das meninas na escola aqui nos Estados Unidos, principalmente, da Ana Júlia que não falava inglês. Porém, havia algo em que eu poderia me apoiar, e sempre posso fazê-lo em qualquer desafio pelo qual elas venham passar: antes de serem minhas filhas, elas foram geradas por Deus para propósitos maiores e específicos. Nossos filhos têm um guia muito melhor que o papai e a mamãe: o Espírito Santo.

E esse é o ponto mais importante da função do pai e da mãe como guias: mais do que simplesmente apontar o caminho, precisamos guiar nossos filhos ao encontro de Cristo para que eles aprendam a ser guiados pelo Espírito Santo como todos os que são filhos de Deus (Romanos 8:14).

Querido Deus, ajuda-me a ser uma mãe que guia meus filhos no caminho correto, bom, belo, mas principalmente ao encontro de Jesus Cristo. Que meu coração possa descansar na confiança de que o Senhor é o principal guia – tanto meu, quanto das crianças.

Para refletir

1. Você identifica momentos em que deixou que a preguiça, desejo de agradar ou medo de frustrar as crianças impedisse de tomar a ação educativa correta?

2. Há alguma atitude que você colocou em prática na sua vida e que foi aprendida, seja em livros, cursos ou pelo conselho de outros?

3. Você pede ajuda ao Espírito Santo em relação a educação de Seus filhos?

4. Você prega o evangelho a seus filhos? Eles já conhecem Jesus?

OBEDIÊNCIA

*Se estiverem dispostos a me obedecer,
terão comida com fartura.*

Isaías 1:19

"Há benção na obediência". Essa é uma frase que uso com frequência aqui em casa na relação com as minhas filhas. E busco mostrar para elas que as regras que temos são protetivas e benéficas; elas podem confiar que seus pais estão pensando no seu bem. Vemos esse princípio presente na Bíblia, desde Gênesis ao livro de Apocalipse. Lemos, nas Escrituras, uma série de benefícios que acompanham aquele que segue uma vida obediente aos mandamentos do Senhor. Tudo o que ele faz prospera e prosperidade não é algo apenas financeiro (Salmo 1:3), tem uma família abençoada (Salmo 128) e resiste às tempestades (Mateus 7:24-27).

É importante interpretar essas "promessas" corretamente; coloco promessas entre aspas porque não é como se essas bençãos fossem algo que Deus nos deve pelo nosso procedimento. Ele não fica em débito conosco quando fazemos o que é certo! E, da mesma forma, Deus não tem a intenção de barganhar com Seu povo com a expectativa desses benefícios, como se precisasse oferecer alguma vantagem para ser obedecido. Jesus disse que aqueles que o amam obedecem aos mandamentos e ponto. Nossa obediência é uma prova de amor; porque o amamos, obedecemos. E, honestamente, não fazemos mais do que a obrigação. Você já ouviu isso antes?

As recompensas da obediência não são como um biscoito dado a um cão que realiza o truque ensinado pelo dono. Elas são, na verdade, a consequência de boas escolhas feitas por aqueles que, por amarem ao Senhor, decidem andar no caminho que Ele orienta. Isso porque os mandamentos de Deus não são ordens arbitrárias, mas sim direções para que o homem viva bem. Logo, se forem seguidas, resultam no benefício. Gosto do exemplo do amar a Deus acima de todas as coisas (Marcos 12:30). Ele não deu essa ordem porque é carente e precisa de amor, mas porque sabe que se o homem amar outras coisas acima de Deus poderá enveredar para caminhos tortuosos, gananciosos e de morte. Amar a Deus acima de todas as coisas nos protege de nós mesmos! Isso acontece com os outros mandamentos e procedimentos descritos ao longo das Escrituras.

A obediência traz benefícios porque as regras são limites que nos protegem do mal e, quando entendemos essa verdade, também conseguiremos repensar sobre os motivos pelos quais estabelecemos regras aos nossos filhos: elas são de fato benéficas a eles ou apenas atendem a uma necessidade pessoal nossa? Essa é uma lição importante que aprendemos da paternidade divina, a que devemos dar direções a nossos filhos que realmente tenham um fim proveitoso a eles e que não sejam simplesmente arbitrárias.

Os limites e regras de nossa casa deveriam visar à proteção de nossas crianças, do mal externo e, também, de sua própria corrupção interior, e à sua formação integral, física, emocional e espiritual. Portanto, precisam ser coerentes, justos e, assim, refletir o próprio caráter de Deus e a relação de amor com Seus filhos. Eu sei que é muito mais fácil agir com base nas emoções momentâneas ou no conforto imediato, mas sair dando ordens aleatórias podem até surtir um efeito imediato, mas não serão tão produtivas em longo prazo.

Enquanto um bebê ou criança pequena aprende a respeitar o seu *não*, levando a sério o tom de voz e sua expressão facial mais firme, um adolescente que já viveu muitos anos debaixo de incoerência e arbitrariedade na disciplina terá grande dificuldade em levar a sério o que lhe é dito. Ao longo de sua infância, houve muitas regras que não lhe foram de nenhum proveito, não se viu o benefício da obediência em tantos limites e, por isso, a autoridade dos pais foi enfraquecida. Talvez, por um certo temor e respeito, esse adolescente ainda obedeça por fora, porém seu coração já não é mais de seus pais e, talvez, nem de Deus.

Conquanto eu não queira soar apocalíptica tampouco quero silenciar esse alerta: nosso modelo de paternidade e maternidade precisa seguir o exemplo divino. Só assim conseguiremos transmitir confiança e coerência em um ambiente de cooperação entre pais e filhos. Isso não significa que sempre haverá prazer em seguir as regras, mas haverá uma compreensão, e oramos pela convicção de que algo bom virá delas.

Nunca esqueça: limites são proteção e há benção na obediência!

Querido Deus, obrigada pelos limites que Tu estabeleceste na minha vida, eles me protegem, guardam e me orientam. Ajuda-me a sempre ver Teus mandamentos como realmente o são: uma bênção para mim! Da mesma forma, ajuda-me a ser uma mãe coerente no estabelecimento de regras e limites para meus filhos.

Para refletir

1. Quando você pensa nos mandamentos bíblicos, você os vê mais como regras limitantes ou protetivas?

2. Esse seu pensamento sempre foi assim ou mudou com o tempo?

3. Na criação de seus filhos, você se vê sendo mais coerente ou arbitrária no estabelecimento de regras e limites?

4. Tem algo que você precisa mudar hoje nas regras da sua casa?

COLHEITA

Não se deixem enganar: ninguém pode zombar de Deus. A pessoa sempre colherá aquilo que semear.

Gálatas 6:7

Há alguns anos, ainda morando em Curitiba, meu marido se aventurou na agricultura doméstica. Na garagem e na sacada de casa, fez pequenas hortas com tomate, rúcula, temperos e outras coisinhas mais. Ele gastava muito tempo, cuidando de cada detalhe, para poder colher meia dúzia de tomatinhos para nossa salada. Mas, certa vez, teve algo que nos impressionou. Além dos vasos, ele também fez uma composteira e, junto com os restos de comida que foram jogados para as minhocas fazerem seu trabalho, caíram algumas sementes de melão. E elas brotaram no meio da terra, sem qualquer cuidado, apenas com o tempo.

Agora, morando nos EUA e já em nossa casa com bastante espaço de quintal, estamos nos preparando para montar uma horta maior, mas, por enquanto, estamos cuidando do jardim, das plantinhas que já estavam aqui e do enorme gramado. E esse cuidado inclui remover um monte de mato que nasceu sem ser convidado!

O plantio e a colheita são algo natural, mas também uma lei espiritual. O que é plantado vai crescer. Alguns frutos, geralmente os que mais valem a pena, dão muito trabalho de cultivo. Outros crescem facilmente e, muitas vezes, de maneira indesejada! A natureza nos ensina sobre essa dinâmica que está clara nas Escrituras: o que o homem semear isso também colherá! Quando tomamos decisões erradas e agimos de maneira inadequada, há consequências com as quais teremos que lidar, assim Deus determinou para que tenhamos temor e aprendamos com nossos erros.

Estudando a Palavra de Deus, encontramos inúmeras situações em que o Senhor perdoa o erro, mas não elimina a consequência do pecado. Adão e Eva tiveram sua nudez coberta pelo Senhor, mas foram expulsos do Éden; Moisés manteve seu relacionamento com Deus, porém não entrou na Terra Prometida; Davi foi perdoado por Deus pelo adultério com Bate-Seba e o assassinato de Urias, mas ainda assim houve a consequência com a atitude de Absalão e as concubinas do seu pai (2 Samuel 12:12; 16:22) e com a morte do bebê nascido do adultério (2 Samuel 12:14-18).

A justiça de Deus, em seu caráter imutável, não permite que as atitudes fiquem sem consequências. Essa é a causa de Jesus ter vindo ao mundo, aplacar a ira de Deus em Seu sacrifício perfeito pelo perdão dos pecados de toda humanidade. O problema da morte eterna foi resolvido em Cristo, mas Deus segue permitindo que colheitas de nossas ações nos alcancem e, assim, possamos corrigir nossos caminhos.

Se você vive um padrão de vida mais caro do que o seu salário pode pagar, é castigo divino quando você se encontrar afundada em dívida de cartão de crédito? Se você é grosseira com as pessoas, é punição de Deus não ter amigos? Se não cuida da sua saúde, a doença é uma pena celestial? Consequências de ações erradas nos alertam para onde precisamos melhorar. Ainda que Deus seja infinitamente misericordioso e nos poupe de muitas situações, Ele permitirá que muitas outras nos alcancem para forjar nosso caráter e contribuir para o processo de santificação.

Essa é mais uma lição do modelo divino de paternidade para aplicarmos na vida com nossos filhos: permitir consequências aos erros, quando for possível, ou aplicar consequências, quando necessário. Essa consistência, consequência que sempre acontece, e a coerência, que faz sentido, traz às crianças a segurança de que ela está sendo vista, mas também desperta o desejo de melhorar em suas atitudes e comportamentos. Não é assim conosco? O Pai nos vê, portanto, sinto-me segura e desejo buscar uma vida irrepreensível diante dele.

Essa verdade, além de nos dar um bom caminho para educar os nossos filhos, também nos chama para a autorresponsabilização: nós temos a ajuda de Deus para escolhermos os caminhos do bem, porém somos autônomas para decidir o que plantar! Se temos colhido frutos ruins, na vida espiritual, nos relacionamentos, com os filhos, precisamos rever as sementes que temos lançado.

Peçamos sabedoria para discernir o que é recente, o que é antigo e o que precisa mudar para que façamos novos e melhores plantios daqui para frente. Que também tenhamos a graça do alto para suportar a colheita de sementes antigas de um tempo de ignorância até que apareçam os bons frutos da nova semeadura.

Querido Deus, obrigada por me ensinares também por meio das consequências dos meus erros. Peço sabedoria para lançar boas sementes em minha vida e minha família, mas também peço ajuda e graça para suportar as consequências de atitudes antigas que ainda reverberam nos dias de hoje. Que esse entendimento também me ajude a ser uma mãe melhor e educar meus filhos para discernirem as semeaduras e colheitas em sua vida.

Para refletir

1. Você identifica em sua vida áreas de dificuldade que são resultado de escolhas que fez no passado?

2. Quais são as áreas mais difíceis de mudar hoje?

3. Como mãe, você permite que seus filhos sofram consequências de seus erros? Como vê esse aspecto da disciplina de filhos?

RAÍZES

Se obedecerem ao SENHOR, seu Deus,
vocês receberão as seguintes bênçãos.

Deuteronômio 28:2

Minha filha do meio, quando tinha uns 7 anos, fez-me uma confissão espontânea: "mamãe, quando você perguntava se eu tinha feito xixi antes de dormir, às vezes, eu mentia para você. Mas agora vejo que é muito melhor eu fazer xixi antes de dormir, assim não preciso ir ao banheiro no meio da noite".

Depois da conversa necessária sobre a mentira, é claro, aproveitei para mostrar que as ordens que dou são para o bem dela e que há bênção na obediência.

Como já falamos nesse livro, assim como o plantio de más atitudes gera colheita de consequências negativas; Deus também estabeleceu bons frutos que nascem de ações corretas. É importante lembrar, claro, que a nossa salvação eterna, o sermos feitos filhos de Deus, não vem pelas obras; é pela fé exclusivamente em Jesus, pela graça dele. Porém, há bênçãos nessa terra que provêm de uma vida reta e íntegra diante de Deus. Nem sempre essas bênçãos são materiais, ainda que possam ser, porém há ações do Senhor dentro de nós trazendo uma colheita de paz e alegria no Espírito Santo.

Não deixamos de pecar por medo da consequência. Deixamos de pecar por amor a Jesus. Mas as consequências negativas nos ajudam a enxergar que estamos errando. Da mesma forma, não obedecemos porque teremos bênçãos, mas porque amamos Jesus. A boa colheita é apenas um bônus! Essa é uma verdade que nunca pode ser esquecida em nosso coração e deve ser transmitida com diligência a nossos filhos. Tanto pelo discurso quanto pela prática de uma maternidade que celebra o acerto, mas também acolhe a criança que erra.

Além de nos ajudar a manter uma vida de retidão, a certeza da lei do plantio e colheita é uma boa notícia a nós, mães, que muitas vezes nos encontramos confusas, desanimadas ou questionando nossa capacidade individual de educar uma criança que parece não aprender: há uma colheita que virá desse nosso trabalho diário e constante. Cada troca de fralda com amor, cada sorriso no café da manhã, cada não ou sim, cada abraço, beijo ou conversa séria. Todas essas sementes estão sendo espalhadas e frutificarão, mesmo que hoje não esteja aparecendo nem um brotinho para fora da terra.

Muitas vezes, o trabalho que fazemos de disciplina, ensino e até mesmo educação espiritual de nossos filhos não parece estar dando frutos. Porém, não devemos desanimar porque tudo o que o homem plantar, isso colherá! As sementes estão encontrando a terra, germinando, formando raízes e a colheita vai chegar. Poucas são as plantas que nascem rápido. As maiores e mais resistentes árvores são aquelas que levam tempo para crescer, formando raízes profundas e fortes! Essas são as que permanecem por séculos, destacam-se nas paisagens por sua imponência, suportam ventos, tempestades e resistência externa.

Tenho certeza de que não veremos todos os frutos daquilo que plantamos na vida de nossos filhos. Alguns, pela graça de Deus, conseguiremos testemunhar antes que nossas crianças cresçam e saiam de casa. Porém, a respeito de vários outros, só saberemos na eternidade. Portanto, não desanime, muitos ainda contemplarão a grandeza da árvore que hoje você ainda não consegue ver.

Querido Deus, Tua bondade e amor me encantam.
Agradeço porque o Senhor observa as minhas ações e me recompensa por elas. Que as boas sementes que eu planto sempre possam dar frutos para a Tua glória, na minha vida e na vida do meu filho. Fazes as boas sementes brotarem!

Para refletir

1. Você, com frequência, reflete pensando que o seu trabalho de educação e disciplina não está funcionando?

2. Quando foi a última vez que achou que estava fazendo tudo errado? Por quê?

3. Você consegue ver em seus filhos os frutos de ações educativas do passado?

4. Quais são os seus maiores desejos para seus filhos no futuro? O que você está fazendo hoje para isso acontecer?

PERFEIÇÃO

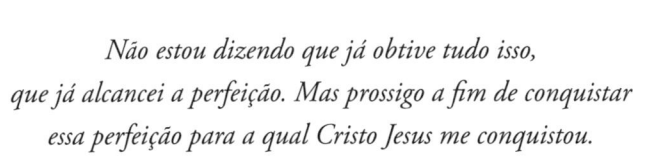

Não estou dizendo que já obtive tudo isso, que já alcancei a perfeição. Mas prossigo a fim de conquistar essa perfeição para a qual Cristo Jesus me conquistou.

Filipenses 3:12

"Você é a melhor mãe do mundo!" Ah, como é bom quando chegam os cartões de Dia das Mães e somos agraciadas com essas declarações das crianças, não é mesmo? Um dos cartões favoritos foi um que a minha filha Ana escreveu: "você é a melhor mãe que eu já tive". Será que ela teve várias para comparar? Além desses que soam engraçados, houve um ano que a Manuela me surpreendeu. Ela estava com 8 anos e escreveu uma homenagem tão linda para mim com uma carta que até hoje me emociona. O que mais me encanta nessas declarações, na verdade, é saber que as crianças nos veem dessa forma, mesmo quando erramos tantas e tantas vezes no dia a dia com elas.

O relacionamento com as crianças é um aprendizado para a vida, inclusive nossa jornada espiritual. Entender que erramos, mas que há perdão de Deus para nós é uma constatação maravilhosa. É o renovar da nossa esperança que encontra alívio nas infinitas misericórdias divinas a cada manhã. Porém, assim como deveria ser no relacionamento com nossos filhos, não podemos nos conformar com nossos erros e falhas, mas nos esforçarmos a sermos cada dia melhores.

O ditado que diz "errar é humano" está completamente certo. É um fato que toda a humanidade tem a tendência ao erro, herdada de Adão. Julgamos, nos exaltamos, gritamos, invejamos, fofocamos, ressentimos, ofendemos as pessoas e a Deus de tantas maneiras, todos os dias, desde o Éden. Porém, o plano de redenção visa exatamente nos tirar de uma rota de destruição e nos colocar em um novo caminho, um caminho que busca a santificação. Uma santificação que não se contenta com pouco, mas que almeja a perfeição! É exatamente isso que Paulo está falando no versículo citado no início desse texto: ele ainda não tinha alcançado a perfeição, mas prosseguia para conquistá-la.

Nas redes sociais, vemos com frequência a declaração "não existe mãe perfeita". Para alguns é uma frase para aliviar uma consciência pesada que errou mais de uma vez com os filhos; para outras, uma muleta para o comodismo de viver conformada com suas falhas. Nós, como mães cristãs, deveríamos olhar essa afirmação como uma declaração de dependência do Espírito Santo nessa jornada em prol da perfeição.

Deus disse a Abraão: "Seja fiel a mim e tenha uma vida íntegra" (Gênesis 17:1) e Jesus reafirmou: "Portanto, sejam perfeitos, como perfeito é seu Pai celestial" (Mateus 5:48). Perfeição é exatamente o que Ele deseja, não o que deseja *de* nós, como se estivesse apenas observando nosso comportamento para dar a nota da performance, mas o que espera *para* nós; é algo que Ele quer nos ajudar a alcançar: a plenitude do caráter de Cristo, o varão perfeito, em nós.

Essa ação, importante sempre lembrar, não é pela nossa própria força, é pela comunhão com o Espírito Santo que produz essas mudanças necessárias em nós. Essa busca por mais comunhão com Ele, entretanto, acontece somente quando compreendemos que, sim, devemos buscar essa perfeição. Nosso coração precisa ansiar ser mais parecido com o de Jesus e sentir repulsa por nosso pecado. Enquanto o mundo grita aos quatro cantos "tá tudo bem!" e passa a mão na cabeça de quem está errando em nome de aceitação, uma pretensa tolerância ou compaixão manca, a Bíblia segue sendo nossa regra de fé e conduta, portadora do padrão divino que é bastante elevado e que precisa ser buscado com dedicação.

É muito comum a gente ler esse tipo de postagem em redes sociais tentando confortar as pessoas: "mães gritam, está tudo bem!", "mães surtam, está tudo bem!", "casamentos acabam, está tudo bem". Mas não está! Desde que Adão caiu "não tá tudo bem". Só fica, quando deixamos Jesus entrar e nos comprometemos a ser transformadas de glória a glória todos os dias, mesmo que doa, mesmo que incomode e mesmo que seja desconfortável.

Querido Deus, não permita que eu me acomode em meus próprios erros, falhas e pecados. Que eu sempre busque a transformação que vem do Senhor e cresça à medida do varão perfeito. Que meu coração deseje ser mais a mais parecido contigo. Que jamais esqueça que a misericórdia é para o perdão e a graça é para a santificação!

Para refletir

1. Há alguma atitude ou hábito em sua vida que você reconhece como errada, mas que tem dificuldade de abandonar?

2. Você já sentiu-se validada nesse ou em outro erro por meio de conversas ou mesmo de conteúdos nas redes sociais?

3. Existe perdão quando confessamos nossos pecados a Deus, mas também há ajuda no processo de santificação quando nós nos expomos a pessoas maduras na fé para nos ajudar. Você já pensou em falar sobre sua dificuldade com alguém?

CONSELHO

Mas quando o Pai enviar o Encorajador, o Espírito Santo, como meu representante, ele lhes ensinará todas as coisas e os fará lembrar tudo que eu lhes disse.

João 14:26

Certa vez, eu fiz uma entrevista com Rodrigo Raineri, o primeiro alpinista brasileiro a escalar três vezes o Everest. Para me preparar para a conversa, li a biografia que ele escrevera sobre quatro expedições e que esteve para chegar ao "topo do mundo" e descobri muitas informações relevantes e que não conhecia sobre as jornadas dos alpinistas no Himalaia. Uma delas é que os aventureiros podem contar com a ajuda dos *sherpas*, você já ouviu falar sobre eles?

Os *sherpas* são um grupo étnico da região que são contratados pelas expedições para carregar equipamentos e ajudar nos acampamentos, fazendo isso sem muito esforço e tornando a escalada mais fácil para os grupos. A grande vantagem dos *sherpas* sobre os alpinistas que vão ao Himalaia é que, por serem nativos da região, são mais resistentes às baixas temperaturas e se adaptam bem às altitudes extremas. Essas características natas os tornam mais rápidos e eficazes na realização de serviços necessários para a jornada, poupando os aventureiros de algumas tarefas e permitindo que eles armazenem o máximo de energia para a subida.

A vida cristã, em todos os seus aspectos, pode ser uma jornada bastante dura em alguns momentos. Enfrentamos desafios em nossa caminhada pessoal com o Senhor, no relacionamento com o cônjuge, na criação de filhos e precisamos estar determinadas a prosseguir com perseverança até chegarmos ao alvo. O que esquecemos, muitas vezes, é que temos o maravilhoso Espírito Santo como nosso Encorajador que nos ensina sobre todas as coisas e nos guia em toda a verdade. Ele conhece o coração do Pai, conhece o caminho, tem força e resistência para essa aventura e está nos oferecendo ajuda para que possamos concluir a nossa jornada com êxito.

Sim, a obra do Espírito Santo consiste em nos dar fé para a salvação e arrependimento para a conversão, porém não se limita ao início do caminho. Ele é nosso Encorajador por todos os dias até chegarmos à eternidade. Podemos clamar por ajuda, inclusive, para educar nossos filhos e sermos mães melhores, que sabem lidar com sabedoria e amor tanto nos dias bons quanto nas desobediências e rebeldias. Não há nada que possamos enfrentar em nossas rotinas que surpreenda o Espírito Santo e o deixe "sem palavras"; Ele sempre pode nos orientar sobre a melhor maneira de agir.

Voltando ao Himalaia, o frio, o ar rarefeito, a inclinação das encostas, nada disso assusta os *sherpas*. Estudos que tentaram compreender melhor esses "super-humanos" descobriram que suas células produzem mais energia com menos oxigênio quando comparados com os ocidentais que vivem em baixas altitudes; ou seja, é como um carro que faz mais quilômetros por litros de combustível. E a resposta está em sua genética; essa mudança na estrutura celular é característica dessa etnia. Eles não precisam se esforçar para conseguirem esses resultados, é natural.

Mais do que, simplesmente, um carregador de bagagem, o Espírito Santo quer compartilhar conosco Sua própria natureza, tornando-nos capazes, nele, de realizar com leveza e santidade todas as obras que estão diante de nós no cotidiano. Que paremos de tentar fazer as coisas em nossa própria força e entendimento e sejamos rápidas em buscar ajuda e nos apoiar em nosso Encorajador. O Espírito Santo habita em você para guiá-la no caminho correto, dar as estratégias divinas para lidar com os desafios da vida e desenvolver em você as habilidades necessárias para chegar lá. Experimente confiar no seu Encorajador!

Querido Espírito Santo, obrigada por seres meu Encorajador, Conselheiro e Guia. Quero confiar no Senhor em todo tempo nessa jornada. Quero ser transformada para parecer-me mais contigo. Ajuda-me a descansar em ti nesse caminho rumo ao alvo.

Para refletir

1. Você tem facilidade para orar pedindo ajuda a Deus em momentos comuns do cotidiano, como na relação com seu marido, no trabalho ou com os filhos?

2. Você consegue lembrar-se de alguma situação que acredita que poderia ter sido diferente se tivesse orado em vez de resolver com suas próprias ideias?

3. Você tem algum testemunho para contar de quando buscou a ajuda de Deus e conseguiu estratégias para resolver algum desafio do cotidiano?

SABEDORIA

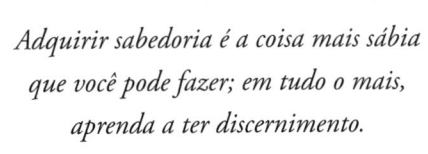

Adquirir sabedoria é a coisa mais sábia
que você pode fazer; em tudo o mais,
aprenda a ter discernimento.

Provérbios 4:7

Segundo o dicionário *Michaelis*, a sabedoria é um acúmulo de conhecimento sobre assuntos diversos. Mas também é definida como o "conjunto prático de valores e regras que orienta a vida cotidiana de uma pessoa". Esse é um aspecto bem próximo do que a Bíblia nos ensina sobre ser sábia. Biblicamente, a sabedoria não é apenas ter o conhecimento, mas aplicá-lo de maneira correta e oportuna às diferentes situações do dia a dia.

Sabe quando você passa por uma dificuldade ou por uma circunstância inesperada e depois, pensando com calma, arrepende-se de sua atitude ou reação na ocasião? Esse arrependimento é um sinal de que você entende que o seu comportamento não foi o melhor possível, não foi coerente com o conjunto de valores e regras que deveriam orientar sua conduta. Há conhecimento, mas não houve sabedoria para aplicar o conhecimento oportunamente.

Quando eu era adolescente, antes de conhecer a Jesus, a minha vontade era voltar às discussões com colegas da escola ou mesmo com minhas irmãs, para dar uma resposta melhor, leia-se: *resposta mais maldosa*, às provocações que elas haviam feito. Anos depois, o desejo de voltar no tempo passou a ter outra motivação: evitar as reações exageradas, ofensas faladas ou mesmo a omissão diante de situações em que eu poderia ter sido instrumento de Deus na vida de outros.

Há perdão de Deus quando há arrependimento? Sim. Porém, não podemos esquecer que todas as nossas atitudes têm consequências. E se as sementes não forem boas, os frutos não serão agradáveis. É por isso que devemos buscar a sabedoria com tanta dedicação e empenho; para que possamos evitar o comportamento inadequado e consigamos aplicar o conhecimento que temos em todas as ocasiões. Nesse momento, entretanto, a pergunta é: temos conhecimento para ser aplicado?

A Bíblia fala que o Espírito Santo nos lembra da verdade; daquilo que ouvimos, lemos e aprendemos de Jesus. Ou seja, no momento de agir, Ele está pronto para nos lembrar daquilo que sabemos acerca da Palavra de Deus. Porém, se não houver conhecimento, sabedoria, entendimento, de onde Ele sacará esses lembretes? "Ah, o Espírito Santo pode falar diretamente ao meu coração do jeito dele", talvez você pense. E é verdade, Ele pode, mas todo cristão maduro deve confrontar essas "impressões" que tem no seu interior com a Palavra, porque essa foi a maneira que Deus nos orientou para evitar que sejamos guiados erroneamente pela nossa própria vontade. Precisamos observar se aquilo que achamos que o Espírito está falando se encontra em conformidade com a Bíblia. Sempre voltamos às Escrituras, não há outra forma de conhecermos a verdade e adquirirmos a sabedoria que de fato tem valor.

Portanto, a leitura da Bíblia e a meditação no Espírito não podem ser negligenciadas. Da mesma forma, devemos ter humildade para buscar conhecimento com pessoas que podem ser usadas por Deus para nos instruir. Existe muito valor quando compartilhamos com outros cristãos experiências sobre como aplicar princípios bíblicos em situações que não estão claras nas Escrituras. Por exemplo, a Bíblia não fala sobre como usar as redes sociais, mas alerta sobre a importância de não se contaminar na roda dos escarnecedores, não se deixar dominar por nada que se torne um vício, não sermos caluniadoras nem fofoqueiras. E a lista de princípios que se aplicam a essa situação continua. O mesmo acontece com diferentes tópicos e em outras áreas da vida. A leitura e o estudo da Bíblia, a comunhão entre os irmãos e o ensino do Espírito Santo combinam-se para nos mostrar o caminho da sabedoria.

Em resumo, por intermédio de nossos devocionais, leituras, comunhão, participação nos cultos e estudos na igreja, fazemos a nossa parte em buscar informações. Com um relacionamento genuíno com Deus, permitimos que essas informações sejam submetidas à Sua autoridade e, assim, filtradas. Assim, estamos nutrindo o bom depósito para que o Espírito Santo nos lembre, em momento oportuno, daquilo que é sábio e apropriado. O resultado é que somos capacitadas a viver de maneira a agradar a Deus em todas as situações.

Querido Deus, desperta em mim um senso de urgência para buscar mais sabedoria. Dá-me também entendimento e discernimento sobrenaturais para compreender Tua Palavra. Espírito Santo, ajuda-me a lembrar de toda a verdade para que eu aja de maneira digna da fé que professo.

Para refletir

1. Você está satisfeita com a quantidade e a qualidade do seu tempo de leitura bíblica e estudo das Escrituras?

2. Além da leitura individual, você estuda a Bíblia com irmãos ou participa de encontros em que a verdade é exposta a ensinada?

3. Como você acha que o Espírito Santo pode usar aquilo que você lê na Bíblia para ajudá-la no dia a dia? Tem algum testemunho para contar sobre isso?

IMUTÁVEL

O capim seca e as flores murcham,
mas a palavra de nosso Deus permanece para sempre.

Isaías 40:8

Minha filha mais velha já está na metade do Ensino Médio e, muitas vezes, fico aflita ao conversar sobre os conteúdos da escola ou ver seus materiais didáticos. É impressionante como as coisas mudaram! Na minha época, k, w e y não eram letras do nosso alfabeto brasileiro; Plutão era um planeta e a divisão dos reinos da natureza eram apenas três: animal, vegetal e mineral. As coisas não são mais assim. E nem quero discutir o Novo Acordo Ortográfico que mudou praticamente tudo o que sabíamos sobre hifenização, acentuação e até mandou o trema embora.

É curioso notar como, à medida que o conhecimento natural e científico evolui, as coisas mudam. Muitas dessas mudanças parecem desnecessárias aos olhos leigos, ainda que devam ter uma razão para sua implementação nas discussões acadêmicas; outras são claramente fundamentais considerando a transformação da sociedade. Porém, mudanças, sejam boas ou ruins, sempre geram certa tensão ou, ao menos, exigem alguma maleabilidade. É necessário aprender novas coisas e adaptar-se de maneira adequada ou resistir, se é contrária àquilo que cremos.

Essa é uma das razões pelas quais é tão gratificante ser cristão e crer em um Deus que não muda e não negocia Seus princípios para se adequar a tempos e época. Podemos descansar crendo que Sua Palavra é imutável e Seus valores inegociáveis. Não precisamos temer uma mudança repentina da opinião divina ou qualquer sinal de instabilidade em Seu amor por nós. Sua Palavra, assim como seu caráter, permanece igual, ontem, hoje e eternamente! Portanto, essa Palavra imutável deve ser o fundamento das minhas decisões. Na minha vida pessoal, nos meus relacionamentos e, também, na criação dos meus filhos. Posso errar quando ensino Ciências para minha filha com os olhos do passado, ou mesmo sem levar em consideração o futuro; mas a criação que dou a ela nunca estará defasada ou ultrapassada se eu a basear nos princípios eternos da Bíblia.

Como falamos no último devocional, devemos sim aprender e buscar sabedoria em como ser boas mães. Métodos e estratégias de educação são válidos e podemos aprender muito com eles. Porém, devemos sempre confrontar essas ideias e aprendizados com um padrão que não muda: os princípios eternos do Reino de Deus! Caminhar dessa forma e tomar decisões com esse norte, com certeza, traz-nos segurança, paz e a certeza de estar construindo sobre fundamentos firmes e estáveis.

Querido Deus, que meus olhos estejam abertos
para ver quando ensinos estranhos estiverem entrando
em minha mente. Que eu esteja sempre baseada
na Palavra imutável de Deus e em Seus princípios eternos
em todas as áreas da minha vida, inclusive
na criação de meus filhos.

Para refletir

1. Onde você costuma buscar informações sobre a melhor maneira de criar filhos?

2. Você troca experiências e busca aconselhamento nessa área com pessoas da igreja? Por quê?

3. Alguma vez você já encontrou ensinos sobre criação de filhos que não eram coerentes com a Palavra de Deus? Foi fácil identificar essa divergência? Como lidou com essa situação?

CORAÇÃO

Este povo me honra com os lábios,
mas o coração está longe de mim.

Mateus 15:8

Quando eu tinha 5 anos, a minha irmã mais velha, que estava com 9 anos, foi diagnosticada com um tumor cerebral e precisou fazer uma neurocirurgia grave. Além do caso já ser assustador o suficiente para qualquer família, os recursos da época eram muito escassos. Mesmo morando em Curitiba, uma grande cidade, nós precisamos viajar para São Paulo para conseguir fazer uma ressonância magnética que iria contribuir para o processo diagnóstico. Um exame como esse, que hoje você faz em várias clínicas curitibanas, era raro em 1990.

Ainda que meus pais não verbalizassem, notei que eles estavam preocupados e precisavam se concentrar na minha irmã. Eles jamais tiveram nenhuma atitude de afastamento comigo nem falaram nada que expressasse abertamente seu nervosismo, mas é possível imaginar como estaria o coração de qualquer pessoa cuja filha está prestes a passar por uma cirurgia no cérebro.

Inconscientemente, decidi me tornar a filha perfeita, de comportamento exemplar, e assim poupar meus pais de qualquer trabalho extra comigo. Tive uma infância relativamente tranquila e quase não dei dor de cabeça para eles durante a minha adolescência. Cresci, conheci Jesus e transportei essa atitude para o relacionamento com Ele: "fica tranquilo, Deus, vou ter o comportamento perfeito".

Porém, mais tarde aprendi que aquela foi uma reação disfuncional na minha infância e que, também, entendi que Jesus se importa menos com o meu comportamento do que com as minhas intenções; Ele olha mais para meu coração do que para minha mão! Ou seja, se eu não atentasse para mudar a minha atitude interior, eu teria um comportamento considerado exemplar, mas estaria longe de agradar a Cristo. Eu seria só mais uma entre os fariseus.

Em uma madrugada insone em que tentava me distrair, resolvi dar uma chance para um seriado chamado *The Good Place* (O bom lugar). A história se passa na eternidade, no paraíso, o lugar perfeito para quem foi excepcionalmente bom na Terra. Entre os quatro personagens principais, dois são pessoas nota 10 em comportamento e mereciam o Céu, nessa realidade a salvação é pelo mérito, mas dois personagens são péssimos e foram para lá "por engano".

Porém, em determinado momento (atenção: contém *spoiler*, mas tudo bem porque não é uma série que vale tanto a pena assistir), eles descobrem que, na verdade, estão no *lugar ruim*, no inferno, e o que eles viveram até agora era só uma encenação demoníaca que fazia parte da tortura eterna. Uma das personagens que tinha sido excepcionalmente boa em vida questiona por que estaria ela no *lugar ruim*. Ela arrecadou tanto dinheiro para a caridade, fez tantos eventos em prol dos necessitados, como ela não mereceria o Céu? E o ser, acredito que demônio, responsável pela tortura a lembra sobre as suas motivações: você não fez tudo isso porque você se importava com as pessoas, suas intenções eram ruins e egoístas!

Sabemos que a salvação não é por aquilo que fazemos, mas pelo que Jesus já fez. Por natureza, todos merecemos o *lugar ruim* e é a graça divina que nos permite chegar, mesmo sem qualquer merecimento, à eternidade com Ele no *bom lugar*. Mas, a despeito da heresia soteriológica da série, ela nos lembra dessa verdade: nossas intenções contam! Jeremias 17:10 afirma que Deus examina o coração e prova os pensamentos para dar a cada um a devida recompensa de acordo com as suas ações. Se o comportamento exterior fosse tudo com que o Senhor se importasse, por que Ele precisaria sondar a mente e coração? Porque as motivações são essenciais. A obediência à lei do Senhor traz bênção, mas não por si só. Devemos buscar ser boas mães, esposas, filhas de Deus; sermos cheias de virtude em nossas ações, mas sempre avaliando as razões pelas quais fazemos isso e as nossas reais intenções. Meu desejo é servir ao Senhor de todo coração? É que as pessoas se sintam amadas e sejam atraídas para Jesus? É que o nome dele seja glorificado? Ou, no fundo, quero reconhecimento, aplausos ou qualquer outro tipo de bonificação egoísta?

Minha sugestão é que você faça, assim como eu faço tantas vezes, a oração do salmista: "Examina-me, ó Deus, e conhece meu coração; prova-me e vê meus pensamentos. Mostra-me se há em mim algo que te ofende e conduze-me pelo caminho eterno" (Salmo 139:23-24). Já adianto: Ele irá mostrar a verdade do seu coração e, talvez, você se decepcione com o que encontrar. Mas lembre-se: nada podemos fazer por nós mesmas! Reconhecer nossas limitações e ver as nossas impurezas nos torna mais dependentes do Espírito Santo. E Ele tem prazer em nos ajudar e purificar nosso coração!

Querido Senhor, sonda as minhas intenções e ajuda-me a perceber sempre que estiver fazendo o bem com a motivação errada! Preciso de ti para purificar as minhas intenções.

Para refletir

1. Você já se encontrou fazendo coisas boas por motivos errados?

2. Como você acha que pode manter suas motivações sempre corretas diante de Deus?

3. Você acredita que suas boas ações têm valor salvífico, e que podem levar você para o Céu? Ou é fácil para você confiar completamente na obra da cruz?

RENOVAÇÃO

*Deixem que o Espírito renove seus pensamentos
e atitudes e revistam-se de sua nova natureza, criada
para ser verdadeiramente justa e santa como Deus*

Efésios 4:23-24

Jamais tive uma alimentação muito saudável, nem na infância nem na minha vida adulta. Como consequência, quando a minha filha mais velha nasceu, acabei incluindo hábitos alimentares muito ruins desde que ela era bebê. Foi cada absurdo que, quando conto, algumas pessoas não acreditam, como dar macarrão instantâneo quando ela tinha um ano de idade porque ajudava na logística da viagem de férias.

Quando a minha segunda filha nasceu, passei a me envolver ativamente no mundo maternidade na *internet* e comecei a entender mais sobre alimentação infantil. Com a informação chegando, percebi o quanto as coisas estavam erradas aqui em casa com o cardápio das crianças. Reconheci meu erro e decidi mudar. Melhoramos de forma significativa e, hoje com a caçula, uma dieta cheia de açúcar e industrializados nem passa pela nossa cabeça.

Reconhecer os próprios erros é fundamental para que possamos mudar. O caminho da transformação começa com o arrependimento, aquela tristeza profunda ao ver onde caímos e erramos. Tive uma pastora que sempre repetia as etapas para uma vida de renovação diária na presença de Deus: "arrependa-se, peça perdão e mude de vida". E, nesse primeiro passo, temos a ajuda do nosso amigo Espírito Santo, que está pronto para nos alertar sobre onde estamos errando.

Em alguns casos, temos comportamentos que achamos que são aceitáveis e Ele deseja mostrar que são contrários à Palavra de Deus. Em outros momentos, são intenções e atitudes que nem nós mesmas percebemos e que Ele deseja revelar. Acreditamos que estamos "muito bem, obrigada", mas existe sujeira debaixo do tapete que precisa ser removida. O salmista pergunta "quem pode discernir os próprios erros?" e a resposta é que, sem o Espírito, esse diagnóstico vai ser sempre incompleto.

Como falamos anteriormente, precisamos continuamente pedir que Ele nos revele os caminhos maus de nosso coração. Mas, mais do que isso, precisamos permitir sermos guiadas pelo caminho correto, ajudando-nos a renovar nossos pensamentos e, também, modificar nossas atitudes. E, como sempre, existe nossa parte em permitir essa mudança.

Há alguns anos, meu marido precisou ir ao hospital às pressas durante uma viagem e descobriu que estava com esteatose hepática, o nome científico para o acúmulo de gordura no fígado. O médico disse que se ele não mudasse a alimentação e não começasse a fazer atividade física, o quadro poderia agravar para uma cirrose hepática, o que é irônico, considerando que ele não consome bebida alcoólica. Ele mudou seus hábitos e sua saúde melhorou. Mas não teria acontecido se simplesmente ele tivesse mantido o estilo de vida.

Muitas vezes, recebemos o "laudo" do Espírito Santo sobre quais áreas precisam de mudança, mas não fazemos nada a respeito. A nossa nova natureza, aquela que recebemos quando entregamos nossa vida a Cristo, foi criada para ser verdadeiramente justa e santa como Deus é. Porém, as Escrituras nos alertam a nos "vestirmos" dessa nova natureza, ou seja, tomar uma atitude ativa de pensar como Deus, sentir como Deus, agir como Deus. É fácil? Humanamente, não é. Porém, o próprio Deus habita em nós, e, usando a metáfora do meu marido: Deus nos orienta a respeito da dieta adequada e o treino que devemos fazer. Vamos fazer a nossa parte?

Espírito Santo, agradeço por habitares em mim e tornar possível acessar e manifestar a natureza gloriosa de Cristo. Sonda-me, revela-me e ajuda-me a, em todos os dias, estar sensível para perceber minhas impurezas e decidir mudar!

Para refletir

1. Existe alguma prática na sua vida que você sabe que precisa abandonar, mas tem dificuldade em deixar?

2. Em quais áreas você nota que teve uma mudança significativa de comportamento depois que se converteu?

3. Você tem o hábito de pedir ao Espírito Santo para sondar seu coração e mostrar os erros que estão passando despercebidos?

PROFESSOR

As instruções do SENHOR são verdadeiras e todas elas são corretas. [...] São uma advertência para teu servo, grande recompensa para quem os cumpre.

Salmo 19:9-11

Converti-me aos 14 anos e, como adolescente, meus "problemas" se resumiam a escola, família e meninos! Eu não era namoradeira, mas estava sempre gostando de algum garoto e seguia o costume dos adolescentes: ficar sem compromisso. Na minha época, ficar era só beijar, mas ainda assim é algo que não glorifica a Deus e não respeita Seus planos para nossa santificação.

Já fazia um tempo que eu estava indo à igreja quando a tentação apareceu pela primeira vez. Meu vizinho veio com o papinho sedutor no qual eu já tinha caído anteriormente, mas prestes a ir ao culto, então, pedi-lhe para bater lá em casa depois que eu voltasse. Naquele momento, não via nada de errado em marcar esse encontro típico de qualquer adolescente.

Porém, quando eu estava na igreja, senti-me incomodada com aquilo e orei sinceramente ao Senhor pedindo que Ele me direcionasse se esse tipo de relacionamento era correto. Ainda não conhecia nenhuma liderança na igreja que pudesse me instruir a esse respeito e não me sentia à vontade de conversar com meus pais sobre o assunto. Mas, disse ao Senhor que queria fazer o que era certo e pedi para Ele me ajudar nessa situação!

Quando cheguei em casa, o vizinho não apareceu no horário combinado. Achei estranho e fiquei sabendo pelo porteiro do prédio que ele tivera que sair para procurar o cachorro que tinha fugido. No meu coração, senti que era uma resposta de Deus. Fui para o banheiro, meu local de oração na época, ajoelhei-me e retomei o assunto com o Senhor. Naquela hora, senti-me impelida em abrir a Bíblia no livro de Daniel. Eu era recém-convertida, não sabia nada sobre a Bíblia, muito menos sobre o Antigo Testamento. E lá me saltou aos olhos o versículo de Daniel 1:8, que diz que Daniel decidiu firmemente em seu coração não se contaminar "com a comida e o vinho que o rei lhes tinha dado".

O próprio Espírito Santo ministrou ao meu coração e me fez entender que aquela relação não era correta aos Seus olhos. Eu nem sabia ao certo o porquê, mas decidi abandonar essa prática, conversei com o menino sinceramente no dia seguinte e, a partir daquele momento, meu coração livrou-se da prisão emocional que eu sentia. Senti-me livre para simplesmente "não gostar de ninguém" e viver a vida sem precisar ficar buscando um par. Foi um abandono do pecado e, com isso, uma verdadeira libertação emocional.

Gosto de contar essa história porque mostra o quanto o Espírito Santo pode agir quando quebrantamos o nosso coração e buscamos Sua orientação humildemente. Tenho grande alegria em poder congregar e vejo o valor da instrução que vem por intermédio de irmãos e líderes, mas também vejo o quanto Ele fala com cada cristão. Em contrapartida, a nossa obediência à sua orientação permite que Ele faça grandes coisas em nosso interior e nos molde conforme a imagem do Seu Filho. Que privilégio é servir um Deus que nos ensina!

Espírito Santo, ajuda-me a compreender
a Tua Palavra e a obedecê-la de todo coração! Quero ser
direcionada pelo Senhor todos os dias da minha vida
podendo ser moldada até a estatura de Cristo.

Para refletir

1. Você tem dificuldades de compreender a Palavra de Deus em suas leituras individuais?

2. Quando dúvidas surgem, você costuma procurar ajuda de alguma irmã ou líder para trazer esclarecimento?

3. Em geral, obedecer a Palavra de Deus é algo fácil para você?

EDIFICAR

A mulher sábia edifica o lar, mas a insensata,
o destrói com as próprias mãos.

Provérbios 14:1

Enquanto conversava com minha fisioterapeuta em uma sessão, descobrimos, por acaso, que tínhamos conhecidos em comum. Era um casal da minha antiga igreja que ela considerava como "segundos pais". Ela me contou que, por ter crescido em um lar muito desestruturado, sempre que tinha a oportunidade, passava tempo na casa dessa família, que era vizinha. Eles, de fato, são um casal maravilhoso que eu também tenho como referência de fé, família e casamento.

Lar é mais do que um ambiente físico, é o lugar, imaterial, em que há conforto, troca, amor. Um lugar em que temos prazer de estar e do qual nos sentimos pertencentes. Isso não nasce quando você se muda para uma casa, mas é construído dia a dia em atos intencionais e relacionais. Atitudes que fazem a diferença na vida de alguém desde a infância, com memórias que se refletem lá na frente, quando já somos adultos e formamos a nossa própria família.

A Bíblia diz que a mulher tem um papel especial na função de construir essa casa. Ainda que a parte da organização física tenha um valor muito importante, edificar a casa vai além de colocar tijolo sobre tijolo e decorar com as principais tendências do design de interiores. Há um importante aspecto emocional nessa construção: precisamos trabalhar para que nosso lar seja um local onde haja refúgio, descanso, proteção e paz. Em dias turbulentos, o desejo nosso, do marido e dos filhos deveria ser: "quero correr para estar com a minha família, pois é no meu lar que encontro alívio para minhas aflições". E nos dias alegres, é lá que achamos o local de celebração e júbilo, uma felicidade genuína pelas conquistas alheias.

Porém, infelizmente, não é incomum conhecermos pessoas cujo último desejo é ir para casa ao final do expediente. Pais que querem fugir dos filhos ou cônjuges que não têm prazer em estar com seu parceiro. Também encontramos crianças que têm medo de seus pais e adolescentes que desejam apenas a companhia de seus amigos e colegas. Por mais que tenham paredes e telhado, e quem sabe uma decoração impecável, esses lares não foram construídos de maneira apropriada. Em vez de um lugar de fortalecimento, alegria e refrigério, ele se tornou cenário de brigas, cobranças e reclamações.

Sei que todos da casa têm seu papel e função nesse contexto. Mas a minha percepção é de que a mulher parece ter uma capacidade a mais de influenciar os ânimos familiares. Gosto da comparação que uma amiga sempre faz: a mulher é como o termostato da casa. Enquanto um termômetro mede a temperatura, o termostato define a temperatura do ambiente. E, muitas vezes, noto isso em nossa atitude como esposa e mãe.

Você consegue perceber em sua casa como consegue acalmar seu marido quando ele está muito estressado ou como traz paz ao relacionamento turbulento dos irmãos? Com aquilo que falamos ou como agimos, conseguimos trazer certa ordem onde há confusão; tornando a família um lugar de refúgio e não um campo de batalha, usando as palavras da Dra. Ilma Cunha. Por outro lado, eu vejo claramente como posso promover confusão e estresse quando não estou muito bem.

A mulher sábia controla suas emoções, suas palavras, guarda o seu coração e busca, com a graça do Espírito Santo, construir esse lar agradável para todos. A insensata expõe rapidamente a sua ira, faz tolices, fala mais do que deveria e destrói sua casa com suas próprias mãos. Para mim, esse "com suas próprias mãos" mostra-me a facilidade com que podemos destruir algo, ao mesmo tempo que denota algo que está a nosso alcance: ações, palavras e posturas. Ou seja, o que fazemos pode estar edificando ou derrubando nossa casa

> *Querido Deus, ajuda-me a ser uma mulher sábia, que constrói na minha casa um lar amoroso e um ambiente de refrigério para minha família. Ajuda-me a fugir das palavras e ações tolas que podem destruir o que tenho de tão valioso!*

Para refletir

1. De maneira geral, você, seu cônjuge e seus filhos têm mais prazer em estar em casa com a família ou com outras pessoas em outros lugares?

2. Você consegue identificar atitudes que você tem que promovem paz na sua casa? E as atitudes que geram briga?

3. Você tem o hábito de orar pedindo ao Espírito Santo para ajudar você a edificar sua casa? Quais orações pode fazer nesse sentido?

PAZ

No que depender de vocês, vivam em paz com todos.

Romanos 12:18

Amo a oração de Paulo aos tessalonicenses, quando ele diz: "Que o próprio Senhor da paz lhes dê paz em todos os momentos e situações" (2 Tessalonicenses 3:16). Em tempos turbulentos, paz é tudo que precisamos, ainda mais essa que vem do próprio "Senhor da paz".

Porém, ainda que a Bíblia nos mostre que a paz vem do Senhor, e você se lembre que ela é fruto do Espírito Santo, as Escrituras continuamente nos orientam a sermos promotores da paz e buscarmos mantê-la em nossos relacionamentos, fazendo tudo que estiver ao nosso alcance para isso. Ou seja, há a paz que vem do alto, que só Ele pode nos dar e que excede todo entendimento humano; que nos faz alcançar contentamento e esperança mesmo nas tempestades mais duras. Mas há também a paz que é cultivada por nossas palavras e atitudes com ajuda do Espírito Santo, que trabalhamos para obter e manter, mesmo com muito esforço!

A Bíblia orienta que busquemos manter a paz com todas as pessoas. E, em geral, tratamos de nos relacionar bem na igreja, no ambiente de trabalho e com as pessoas que cruzam nosso caminho; lembrando-nos também que essa atitude refletirá Cristo e, quem sabe, servirá de uma ponte para a salvação de alguém que ainda não conhece ao Senhor. Queremos mostrar o próprio Jesus por meio da atitude mansa, humilde e perdoadora.

Porém, muitas vezes, parece que deixamos essa atitude para fora de nossas casas. Afinal, é muito mais difícil ser pacífica com uma criança de 2 anos fazendo birra porque queria a toalha cor-de-rosa e não a branca enquanto seu marido usa a esponja "errada" para limpar a churrasqueira, mesmo depois de você já ter explicado por anos qual ele deveria usar. O relacionamento com nossa família é cheio de situações de atrito, com alto potencial de irritação. Em geral, são situações pequenas e bobas do cotidiano, como as descritas acima, mas que se somam até alcançar o limite de nossa paciência. E, quando explodimos, normalmente temos dois caminhos: o da culpa, que nem sempre é arrependimento genuíno, mas apenas remorso por não atingirmos os padrões que estabelecemos para nosso comportamento; e o da racionalização, tentamos nos convencer de que, no fundo, somos vítimas do que fizeram a nós e que nossa atitude é justificável.

Ter uma atitude pacífica significa buscar viver em paz e evitar conflitos. A orientação na carta de Paulo aos romanos traz duas questões importantes sobre manter a paz: primeiramente, "com todos", ou seja, incluindo um marido que não ouve ou um filho com comportamentos desafiadores, e, também, "façam todo o possível", e isso abrange muita coisa! Precisamos decidir ignorar ofensas: algumas são reais, outras estão apenas na nossa cabeça. Devemos procurar resolver os problemas antes que se iniciem as discussões e, finalmente, calar a nossa própria justiça e orgulho para que possamos manifestar paz aos da nossa casa, mesmo quando eles estiverem errados!

Isso não quer dizer ignorar os confrontos eventuais necessários, quando, por exemplo, é necessário disciplinar um filho ou discutir questões familiares relevantes com o cônjuge, mas significa buscar *resolver* conflitos em vez de *promovê-los* e focar sua atenção em achar a solução e não persistir no problema. Não entramos numa discussão para ver quem está certo, mas para encontrarmos o melhor desfecho para aquela questão! E, principalmente, devemos lembrar que nossos familiares não são inimigos, mas companheiros na busca por resolver aquela dificuldade. E, na hora do conflito, conseguimos fazer um autodiagnóstico e identificar se estamos sendo pacíficas ou não pela forma como lidamos quando o outro "assume a culpa" logo no início da discussão. Sabe quando você pensa no sermão completo e quando chega para discutir o outro logo admite que errou antes de você completar o discurso? Como você se sente: feliz por que a confusão vai ser resolvida ou precisa continuar apontando os erros e apedrejando os culpados?

A pessoa pacífica também é pacificadora. E isso significa que, mais do que estar certa ou desabafar, ela quer ver a paz sendo promovida e exaltada. E os pacificadores pacificadores são felizes e "serão chamados filhos de Deus" (Mateus 5:9). Contribua para resolver conflitos e não criar a discórdia. Não dê espaço para confusão, brigas, discussões. Preocupe-se menos em apontar culpados ou ganhar disputas e foque em trazer soluções. Seja uma promotora da paz.

Querido Deus, quero ser uma promotora da paz, ajudando a eliminar confusões e discórdias e, principalmente, não sendo criadora de situações de conflito. Ajuda-me; concede-me a paz interior que se expressa no exterior.

Para refletir

1. De forma geral, você se considera uma pessoa mais pacífica ou mais briguenta? E, dentro de casa, com sua família?

2. Você tem mais dificuldades em manter a paz interior e exterior quando os atritos acontecem com seu cônjuge ou com seus filhos?

3. Quando as crianças têm comportamentos desafiadores, quem é mais paciente e pacificador, você ou seu cônjuge?

PRESENTE

O homem que encontra uma esposa encontra um bem precioso e recebe o favor do SENHOR.

Provérbios 18:22

A Bíblia nos diz que nós, esposas, somos um presente de Deus ao homem. Será que você tem sido um "presente de grego"? Será que ele está querendo "fazer uma devolução"? Brincadeiras à parte, o relacionamento com nosso marido é um ótimo ponto de partida para uma autocrítica acerca de nossas atitudes e modo de viver: será que tenho refletido o caráter de Jesus na relação mais íntima da minha vida? Se você acha que está sendo uma boa esposa e não tem muito o que mudar, analise suas posturas à luz de Provérbios 31:10-12.

Esses versículos falam sobre uma mulher que só faz o bem ao seu marido, que confia nela plenamente! Há algum tempo, eles têm sido inspiração para minhas orações diárias acerca de mim mesma. Desejo, anseio, clamo por poder ser uma mulher virtuosa com quem meu marido tem prazer de viver e que só lhe faz o bem. Por muitos anos, fui a mulher rixosa que tornava a minha casa um verdadeiro caos. Reclamava por tudo e insistia nas discussões. Graças a Deus, fui compreendendo isso, buscando melhorar e permitindo ser transformada pela ação do Espírito Santo. A mudança maior, entretanto, aconteceu quando nos mudamos para a casa que construímos lá em Curitiba.

Por questões financeiras, na pressa de sair do aluguel, mudamos para a casa nova antes de estar completamente terminada. O telhado ainda não estava pronto e, em pouco tempo, descobrimos que tínhamos não goteiras, mas verdadeiras cachoeiras dentro de casa. Toda vez que chovia era um desespero porque tínhamos que correr colocar baldes pelos cômodos. Se estivéssemos em um passeio e começasse a garoar, precisávamos voltar correndo. Nunca sabíamos se poderíamos sair em paz ou se iria acontecer algo. Depois de um tempo, graças a Deus, colocamos o telhado em casa e essa situação acabou. E bem nesse período, em um tempo devocional, o Espírito Santo ministrou muito forte em meu coração sobre o texto de que a mulher briguenta é como gotejar constante. Nesse mesmo dia eu acabei lendo vários versículos sobre esposas briguentas e li também aquele que dizia que era melhor morar num canto do telhado ou no deserto do que com essa mulher.

E, no meu coração, entendi que morar comigo era como viver numa casa com goteiras. Meu marido e, na época, minha única filha nunca sabiam quando ia ser só uma gotinha ou quando seria um temporal que alagaria tudo. Eles precisavam sempre viver preocupados e medindo palavras para administrar a enxurrada de briga e discórdia que saía de mim. Isso falou profundamente ao meu coração e me colocou em um caminho para mudanças, buscando ser aquela que só faz o bem e nunca o mal ao seu marido todos os dias de sua vida, faça chuva ou faça sol.

O mundo tenta nos convencer de que o casamento é descartável, que não devemos nada ao cônjuge e que a minha felicidade é o mais importante. A Bíblia vai no sentido completamente oposto e nos ensina que devemos desejar ser uma boa esposa, trabalhar para fazer o outro feliz, amar com todo o coração e, assim, glorificar a Deus em nossa aliança inquebrável!

Querido Deus, ajuda-me a ver quais são as áreas do meu relacionamento com meu marido que precisam de transformação. Faz-me sábia, virtuosa e uma esposa com quem ele tenha prazer de estar.

Para refletir

1. Você está satisfeita com a maneira com que trata seu marido no cotidiano?

2. Seu marido tem paz no relacionamento com você ou precisa sempre estar "pisando em ovos"?

3. Você se considera uma esposa mais sábia no relacionamento com seu marido hoje, em comparação com o início do casamento, ou mais briguenta?

4. Qual é seu maior desejo em relação a forma de tratar seu esposo?

SUPORTE

Sejam compreensivos uns com os outros e perdoem quem os ofender. Lembrem-se de que o Senhor os perdoou, de modo que vocês também devem perdoar. Acima de tudo, revistam-se do amor que une todos nós em perfeita harmonia. Colossenses 3:13-14

Uma das maiores dificuldades em qualquer relacionamento é lidar com a ofensa. E quanto mais próxima uma pessoa é de nós, maior tem a capacidade de nos ferir. Primeiramente, por um motivo lógico e estatístico: quanto mais tempo passamos juntos, há mais chance de conflitos acontecerem. Porém, um segundo aspecto também é relevante: para as pessoas íntimas, abrimos nosso coração de maneira mais ampla, expomos nossas vulnerabilidades e esperamos receber cuidado e proteção.

Dentro de um casamento isso acontece porque amamos, decidimos nos relacionar com alguém por toda a nossa vida de maneira íntima e profunda. O que esquecemos, muitas vezes, é que a disposição em amar alguém deve ser acompanhada pela disposição em perdoar. Entretanto, não são só as grandes ofensas que precisam de atenção, são os pequenos atritos do dia a dia que podem minar um relacionamento.

Uma vez, ao meditar sobre a fé para lidar com tribulações e refletir sobre o quanto oro por perseverança na provação, contentamento na tribulação; se estou pronta para louvar nos corredores do hospital e adorar a Deus mesmo em meio à dor e à perda. Mas explodo ao pisar em um *lego* no chão da sala e me sinto profundamente frustrada quando meu plano para o lanche da tarde não dá certo. "Como assim o fermento acabou? O que eu faço com essa massa de bolo pela metade?" Acredito ter graça e força divinas para as grandes batalhas, mas deixo Deus de fora dos pequenos conflitos internos e externos do dia a dia.

No casamento, vejo essa mesma realidade. Decidimos amar e sermos fiéis na saúde e na doença, na pobreza e na riqueza. Mas e quando a gente encontra aquele pingo de xixi no assento do vaso ou a louça fica na pia porque um achava que o outro ia lavar? Às vezes, são respostas grosseiras num dia estressante ou apenas uma cara feia diante de um favor pedido. São pequenas situações corriqueiras com as quais não queríamos lidar; doença e pobreza, sim, mas mau humor? Não prometi isso no altar!

Precisamos estar atentas às pequenas pedras porque ninguém tropeça numa montanha, mas nos menores desníveis no caminho. São mínimos atritos que podem se acumular e tornar-se grandes muralhas na relação com o cônjuge ou com os filhos. A vida não é feita de enfrentar Golias, mas sim dos minutos perdidos procurando a chave do carro, as topadas de dedinho na quina do sofá, lembrar várias vezes o marido daquele compromisso que ele esqueceu mais uma vez, deixar as compras no caixa do mercado porque o outro pegou o cartão de débito e não avisou. E nessas pequenas crises, Deus também quer estar presente nos ajudando a manifestar o fruto do Espírito!

Um dos segredos práticos que aprendi para evitar que cada pequena situação vire a terceira guerra mundial é manter uma atitude positiva em relação ao outro, de esperar sempre o melhor. Sabe aquele pensamento: "não, essa pessoa não faria isso de propósito, não foi pra me ofender"? Quando alguém é rude ou fala algo duro, nossa primeira atitude não deveria ser correr atrás de pedras para jogar nem mesmo pegar nosso escudo de defesa. Pessoas que se fundamentam no amor bíblico olham para uma situação dessas e pensam: "será que essa pessoa está bem?".

Essa semana, enquanto escrevo esse texto, passava em frente de uma casa da vizinhança e comentei com a minha filha mais velha o quanto achei bonita aquela decoração de Natal. Mas completei, com meu coração mau e pecador: "pena que essa vizinha é bem grosseira, cumprimentei outro dia enquanto dava a vez para ela passar e ela nem acenou de volta". Minha sábia Manuela me respondeu: "talvez ela estivesse tendo um mau momento e nem reparou direito". Ponto para o argumento espiritual da adolescente que estava sendo mais madura do que sua própria mãe.

Pensar dessa forma deveria mudar nosso jeito de tratar as pessoas em qualquer ocasião. Quantas vezes eu mesma não retribuí um sorriso ou um aceno porque estava com problemas ou distraída com meus próprios pensamentos e dificuldades? E se devemos ter esse olhar para os de fora, ainda mais para o de perto. Precisamos dar aos familiares, amigos, filhos e cônjuge o benefício da dúvida. Se eles tiveram alguma atitude ofensiva, por que será? Quem sabe aquele insulto seja, na verdade, a oportunidade que você tem de ajudar aquela pessoa que você ama a passar por uma situação difícil.

Querido Deus, ajuda-me a amar como o Senhor amou.
Ajuda-me a ser paciente e amorosa, não supervalorizando
pequenos atritos do dia a dia. Que eu seja sábia
e compassiva, sendo suporte para aqueles que amo.

Para refletir

1. Você muda sua maneira de se relacionar com o outro devido a situações difíceis, problemas ou pensamentos atribulados que está tendo?

2. Quando outras pessoas tratam você de maneira ríspida, qual é sua primeira reação ou pensamento?

3. Você consegue notar quando seu marido ou filhos estão passando por situações estressantes por meio da maneira que falam e agem? Como você reage a isso?

PERDÃO

Vocês ouviram o que foi dito: Ame o seu próximo e odeie o seu inimigo. Eu, porém, lhes digo: amem os seus inimigos e orem por quem os persegue. Desse modo, vocês agirão como verdadeiros filhos de seu Pai que está no céu. Mateus 5:43-45

Já falamos no último texto o quando os relacionamentos no cotidiano de casa podem ser desafiadores. De repente, marido e mulher ou mesmo pais e filhos parecem inimigos num campo de batalha. E uma das principais causa é como deixamos pequenas coisas tomarem proporções épicas. Entretanto, há muitas outras vezes em que situações realmente difíceis acontecem, como rebeliões, traições ou mentiras. E, como já mencionamos, os erros dessas pessoas mais próximas machucam profundamente, pois são elas que têm todo nosso coração e o máximo de nossa confiança.

Porém, é exatamente nessa hora que precisamos manifestar perdão. É fácil dizer que perdoaríamos qualquer coisa, à semelhança do perdão de Cristo por nós, mas só saberemos se nossa disposição é verdadeira quando precisamos colocar em prática. É fácil? Normalmente, não. Porque implica jogar fora o orgulho e renunciar ao direito de vingança, ou melhor, aquele que achamos erroneamente ser nosso direito. Listamos todas as razões pelas quais não merecíamos passar por aquela situação, somamos ao grande erro o peso de todas as pequenas falhas que relevamos ao longo do tempo e, por fim, preferimos ficar ressentindo a mágoa em vez de levá-la aos pés de quem pode removê-la e curá-la.

Sei que perdoar é difícil. Passei por muitas situações delicadas em diversos relacionamentos, especialmente, com pessoas muito próximas de mim, e precisei perdoar. Não foi nada fácil. Foram meses de orações regadas a lágrimas e dias de total desesperança, mas guardar a mágoa não era uma opção. Não porque eu não tivesse vontade, mas porque eu tinha temor a Deus e queria obedecê-lo. É impraticável dizer que sou cristã e me negar a perdoar quem quer que seja! Essa é uma ordenança inegável da Palavra de Deus; tão essencial à nossa vida e ao nosso relacionamento com Deus, que consta na oração conhecida como Pai Nosso como relacionada diretamente ao perdão divino para nós: "Perdoa as nossas ofensas, como também temos perdoado aqueles que nos ofendem" (Mateus 6:12 NVI).

Sempre parto do pressuposto de que Deus só nos ordena que façamos aquilo que somos capazes de fazer, não necessariamente capazes em nós mesmos, mas com a graça e força do Espírito Santo. Porém, se o perdão dependesse *apenas* do Espírito Santo ou se acontecesse espontaneamente com o tempo, não seria coerente que Ele nos cobrasse essa atitude. Assim, se a Bíblia nos manda perdoar é porque podemos fazê-lo, ou, ao menos, temos condições de buscar a graça e a ajuda divinas para perdoar.

Entretanto, o perdão passa pela nossa decisão. O primeiro passo do perdão é decidir perdoar, de maneira completamente racional e independente das nossas emoções. Em seguida, devemos apresentar essa escolha a Deus, juntamente aos nossos sentimentos e dores, clamando por Sua ajuda para transformar esse turbilhão que está nosso coração. É um processo que não acontece do dia para a noite, mas que precisa de uma cooperação entre você e o Espírito Santo.

Ainda que não tenhamos controle do processo de cura de nossa alma, temos responsabilidade por definir o quanto essa ferida ocupará a nossa alma e quanto tempo permanecerá. Somos nós que ficamos pensando e repensando na ofensa, remoemos nossas dores e retomamos assuntos que podem ser relevados. E cada vez que concentramos nossa mente para ressentir as mágoas, nos afundamos no desespero ainda mais e nos afastamos do perdão e da paz interior. Repito, sei que é difícil. Poderia trazer aqui a minha história para, quem sabe, "dar mais autoridade" ao que digo, mas não é necessário. A Palavra de Deus é suficiente para nos ordenar a perdoar e nos guiar no processo de perdão.

Se você está passando pelo turbilhão da ofensa agora, leia com carinho esse texto, procure aconselhamento pastoral em sua igreja, chore as suas dores, mas permita que o Espírito Santo faça a obra, curando sua ferida e tornando-a uma cicatriz indolor. Creia: existe um lugar de plenitude de perdão em que você vai contar essa história sem que ela lhe traga qualquer desconforto. Ouse perdoar!

Querido Deus, ajuda-me a perdoar como o Senhor perdoou.
Se ainda carrego mágoas no meu coração, mostra-me,
para que eu seja livre delas de uma vez por todas.

Para refletir

1. Existe alguma situação que você está vivendo hoje ou que viveu no passado que acredita que precisa perdoar?

2. Qual é a parte mais difícil de perdoar, seja essa situação acima ou qualquer outra?

3. Por que Jesus é nosso maior modelo de perdão? O que podemos aprender com Ele?

CONTROLE

Quem tem entendimento controla sua raiva,
quem se ira facilmente demonstra grande insensatez.

Provérbios 14:29

Outro dia, fizemos churrasco aqui em casa e meu marido sempre é o responsável por lavar as grelhas e os espetos. Perguntei se ele iria lavar logo após o almoço ou mais tarde, para eu poder organizar a lavagem do restante da louça. Como ele disse que já estava indo, preferi deixar para limpar o resto depois.

Quando ele chegou à cozinha, falou brincando "mas a senhorita também não lavou nada, hein?" Gente, sem aviso prévio, virei um bicho e dei uma resposta *supergrosseira*. Ele até olhou assustado. Pazes foram feitas, ânimos colocados no lugar e expliquei o que tinha sentido com o comentário. Mas a verdade é que, se ele também não estivesse de bom humor, a minha pequena explosão poderia ter gerado um grande incêndio. E são, geralmente, essas faíscas que soltamos ao longo do dia que causam atritos sérios e alguns danos em nossos relacionamentos.

Uma das disciplinas mais importantes para qualquer pessoa é saber calar e pensar antes de reagir. O livro de Provérbios é riquíssimo nos ensinamentos nesse sentido e ainda temos o fruto do Espírito Santo que nos confere mansidão e domínio próprio quando estamos caminhando no Espírito e não na carne. Mais do que ser um probleminha, a Bíblia deixa claro que as reações explosivas, raivosas e impulsivas são pecados.

Pecamos contra o próximo e contra Deus quando perdemos a calma facilmente e não controlamos nossas ações. Você ofende pessoas, fere seus filhos, prejudica o seu casamento e, além de tudo, quebra princípios divinos. É, por isso, que acredito que levar as pessoas à raiva é uma das estratégias das trevas contra o ser humano. Paulo nos alerta em Efésios 4:26-27 que se entregar à ira é pecar e dar oportunidade ao diabo. Essa é uma das suas artimanhas para levar o homem a ofender a Deus.

Porém, o diabo pode até criar oportunidades que nos tiram do sério, porém ele não tem poder para colocar o sentimento dentro de nosso coração nem determinar quais serão as nossas atitudes. Isso é responsabilidade e escolha nossa! Somos nós que decidimos como vamos responder às situações que aparecem a nosso redor. Tiago nos alerta que somos tentados pela nossa própria cobiça, é o que está dentro de nós que nos leva ao erro e não a tentação em si. Da mesma forma, Jesus nos garantiu que é do coração que procedem os maus desejos e atos pecaminosos, portanto, não é algo que vem de fora, mas que parte do nosso interior. Não é meu marido, não são minhas filhas, não é a internet lenta, o clima frio ou o orçamento apertado. Nada disso tem em si o poder de me irritar. Eu só manifesto a irritação que está dentro de mim.

O que precisamos é de uma transformação interior que vem do Espírito Santo para que manifestemos a paz, mansidão, domínio próprio quando a vontade é fazer exatamente o oposto. Precisamos fugir dos conflitos, não promover a discussão e buscar ser canal de calmaria para nossa família. Só conseguiremos manifestar isso no exterior quando essa for uma atitude interior. E o único caminho de cultivar esse fruto é conectar-se Àquele que é manso e humilde. Vamos aprender com Ele!

Querido Deus, que eu saiba controlar as minhas emoções e as minhas palavras. Que eu esteja pronta a ouvir, mas tardia em falar e em me irar, que seja pacífica e pacificadora!

Para refletir

1. Você se considera uma pessoa calma ou uma pessoa explosiva?

2. Em qual situação é mais difícil você se controlar?

3. O que você pode aprender com Jesus a respeito de mansidão?

4. Liste os textos do livro de Provérbios que falam sobre paciência e autocontrole. Medite sobre eles.

TRABALHO

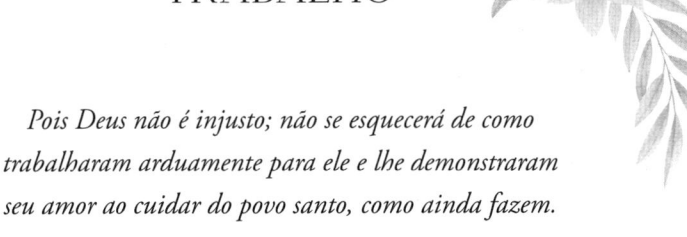

Pois Deus não é injusto; não se esquecerá de como trabalharam arduamente para ele e lhe demonstraram seu amor ao cuidar do povo santo, como ainda fazem.

Hebreus 6:10

Toda a pessoa que trabalha voluntariamente na igreja, com certeza, em algum momento, já recebeu um agradecimento pelo serviço por intermédio do versículo acima, de Hebreus 6:10. E realmente é um texto maravilhoso de ler! A Bíblia está nos lembrando de que Deus não se esquece daquilo que fazemos por amor a Ele, amor que é demonstrado por meio do serviço aos santos, aos Seus filhos amados de Deus. E não tem ninguém melhor para nos recompensar do que o próprio Senhor, não é mesmo?

Ainda que esse texto seja amplamente utilizado dentro das igrejas com suas equipes de obreiros e voluntários, o serviço aos santos não é algo que se limita ao âmbito ministerial. Também servimos aos santos no dia a dia e, especialmente, dentro de nossa própria casa. Nosso marido e nossos filhos são os primeiros santos aos quais servimos e o fazemos todos os dias continuamente.

Portanto, esse trecho bíblico deveria nos motivar também naquele serviço diário e invisível de cuidar de nossa casa, da nossa família e de tudo que se relaciona ao lar. É um trabalho intenso e infindável, porém de grande valor físico, emocional e espiritual para todos que vivem juntos! Deus é honrado quando cuidamos de nosso lar com dedicação e amor, com um foco de agradá-lo e servir à nossa família, de promover o bem ao próximo e de seguir o exemplo de Jesus, que não veio para ser servido, mas para servir.

Porém, devemos sempre observar as motivações do nosso coração, pois a Bíblia fala que Deus nos sonda para que a recompensa seja feita de acordo com a nossa atitude interior e não somente os atos exteriores. Por isso, que possamos sempre ter um coração que serve por amor, que deseja honrar a Deus mesmo com os pequenos serviços do dia a dia e que deseja ser instrumento de ordem e paz para o lar.

Quando parei de trabalhar fora e, mais tarde, dispensei a minha ajudante doméstica, assumi as tarefas da casa e passei a fazer muitas delas com amargura. É o cansaço de sempre fazer as mesmas coisas, o descuido dos outros em manter o que você arrumou, a sensação de obrigação em dar conta de tudo, o sentimento de que era um trabalho de menor valor. Passei por muitas fases diferentes no processo de compreender o valor de cuidar do meu lar e da minha família, entendendo que o ambiente em que vivemos tem profundo impacto nos nossos relacionamentos e, até mesmo, no desenvolvimento emocional de quem nele mora.

Consegui, pela graça divina, e muitas vezes ainda preciso que Ele me lembre, não olhar para o cuidado da casa como um fardo ou, principalmente, como um trabalho de segunda categoria, inferior ao que eu fazia em outra época. Não digo que sempre faço todas as coisas com a maior alegria do mundo, mas também não fazia assim na época que atuava como jornalista. Porém, já entendo o valor daquela cozinha limpa que vai receber a minha família cansada no final do dia ou da roupa de cama cheirosa que os acompanhará em uma boa noite de sono. E, sinceramente, é muito mais valioso do que um texto publicado num jornal ou um cliente satisfeito com sua revista no final do mês.

Mas o melhor de tudo é o reconhecimento. Sei que servi ao Senhor com minha profissão no mercado de trabalho por muitos anos e abençoei pessoas por onde passei, sei que muitos fazem isso e não vejo nenhum erro em mulheres trabalharem fora; o Senhor usa cada uma de nós de forma e em locais diferentes. Entretanto, o produto do meu trabalho jornalístico foi temporário e passageiro; possivelmente, muitos clientes que deixei no passado, há 5 anos, não lembram mais de mim e dezenas de textos já caíram no esquecimento. Por outro lado, meu trabalho diário dentro da casa não passa despercebido. Eventualmente, meu marido elogia a comida, minha filha mais velha agradece quando levo suas roupas lavadas para o quarto e a do meio admira a limpeza das janelas. Mas o principal reconhecimento não vem deles.

O Senhor não deixa de ver o trabalho das minhas mãos e, principalmente, a atitude do meu coração. E é poderoso para produzir frutos eternos dessas ações ordinárias realizadas por uma simples pecadora redimida como eu. Seja trabalhando fora e tendo que ajeitar a casa após o expediente ou sendo uma mãe que fica em casa, cada trabalho em favor de nosso lar é um serviço de amor à nossa família. E Ele não é injusto para esquecer nada disso, de cada louça lavada às dezenas de brinquedos recolhidos do chão todos os dias.

Querido Deus, dá-me um coração que serve a minha família por amor e que deseja honrar o Senhor com isso. Que eu faça sempre com alegria e contentamento!

Para refletir

1. Qual é o maior desafio para você em relação ao cuidado do lar?

2. Você espera reconhecimento do marido e dos filhos em relação às suas tarefas realizadas em casa?

3. No texto, comentei que o ambiente físico da casa contribui para o bom desenvolvimento emocional e para os relacionamentos. Você concorda?

CONTENTAMENTO

E tudo que fizerem ou disserem, façam em nome do Senhor Jesus, dando graças a Deus, o Pai, por meio dele.

Colossenses 3:17

Quando precisei renunciar à diarista aqui em casa, muitos serviços domésticos se tornaram minha responsabilidade. Entre eles, passar roupa, algo que realmente não gosto muito, para não usar a palavra "odeio" que é muito forte. Para que essa e outras tarefas da casa não se tornassem um peso para mim nem motivo de murmuração, precisei me comprometer com Jesus a sempre cuidar do meu coração e da minha mente, fugindo dos sentimentos e pensamentos ruins e negativos.

Depois de certo tempo, tive a ideia de aproveitar o momento de passar roupa para assistir a alguns vídeos que estavam na minha lista de "tenho que ver", mas que nunca se encaixavam na agenda; alguns *podcasts*, vídeos teológicos e alguns conteúdos de entretenimento. Não demorou muito para que me encontrasse até na expectativa de a roupa acumular mais para que eu tivesse a chance de ver aquilo que desejava. Foi uma estratégia que uso com sucesso até hoje!

Todos nós vamos encontrar situações em nossa vida de que não gostamos, mas que precisamos encarar. Faz parte da vida adulta, não é mesmo? Pode ser o trabalho dentro ou fora de casa, a disciplina na dieta ou a atividade física, compromissos que preferiríamos desmarcar e funções que ninguém mais pode fazer. E, também como adultas, devemos governar as nossas emoções para que esses momentos não se tornem sinônimo de sofrimento. Muitas vezes não expressamos nosso descontentamento, mas nosso coração está mergulhado em reclamações e autopiedade; seguimos nutrindo a nossa insatisfação e não conseguimos sair desse lugar de desagrado.

O Senhor já nos providenciou tudo o que precisamos e que não merecíamos: a vida eterna! E nessa Terra tem recebemos chuvas de bênçãos que são maravilhosas, mas que passam despercebidas. Você já pensou que esse livro é uma prova do favor de Deus sobre nós? Você e eu somos alfabetizadas, algo que não é acessível a todas as mulheres pelo mundo afora. Temos uma Bíblia que não nos é proibida nem confiscada; temos filhos que amamos, afinal, esse é um devocional para mães, enquanto muitas sofrem suas perdas e oram por milagres; e, além disso, tenho certeza de que ou você está bem alimentada desde sua última refeição ou está prestes a comer algo para saciar sua fome.

Essa semana mesmo comentava nas redes sociais sobre a nossa necessidade de redirecionar a nossa mente para conseguirmos viver plenamente o contentamento de tudo que recebemos em Cristo Jesus. E, para mim, um exercício que me ajuda a colocar as coisas na perspectiva correta é tomar consciência de pessoas que estão sofrendo; tal exercício, na verdade, acompanha a orientação de 1 Pedro 5:9. Nesses dias, tive muitas correrias e gastos financeiros com a minha filha do meio e sua apresentação de *ballet* do final do ano, no teatro da minha cidade. E não estava sendo fácil. Porém, há poucas semanas, vi uma mãe que acompanho nas redes sociais dançando com a filha em um quarto de hospital. Enfrentando a fase terminal de um câncer e internada há mais de um mês, ela não pôde estar na apresentação de sua pequena bailarina. Tenho certeza de que ela gostaria muito de ter os meus "problemas" em levar e buscar a filha no ensaio, pagar caro nos ingressos, aprender a fazer a maquiagem e o cabelo corretos. Quando olhamos as nossas situações por perspectivas diferentes, conseguimos encontrar motivos de contentamento e gratidão em cada minuto do cotidiano.

Mais do que simplesmente ter uma vida mais alegre, essa atitude é fundamental para glorificarmos a Deus continuamente. Nossa maneira de agir, mas também de sentir e pensar precisa dar graças e honrar o Seu nome. Como comentei, muitas vezes a nossa boca cala e ninguém imagina que estamos descontentes; mas estamos desonrando o Pai com uma atitude interior de murmuração, ingratidão e, até mesmo, amargura. Na minha vida, eu notava isso nos cuidados com a casa e as tarefas domésticas; aquilo que era um sinal de bênção sobre minha vida, família e lar, tornou-se um fardo, porque assim permiti.

Pode ser muito difícil mudar, mas o Espírito Santo está pronto para nos ajudar se houver arrependimento e compromisso na mudança de atitude. A Bíblia nos garante que aquele que se arrepende e abandona o pecado alcança misericórdia. Talvez hoje seja o dia de você confessar algum pecado interior: ingratidão, reclamação, murmuração. E pedir que o Espírito Santo a ajude a vigiar seus pensamentos para não pecar mais contra Ele.

Querido Deus, ajuda-me a vencer a amargura, a ingratidão e a murmuração, mesmo que estejam apenas no meu interior. Que eu aprenda a ter gratidão mesmo nos momentos difíceis e a honrar ao Senhor com o que eu faço, penso e sinto!

Para refletir

1. Como você vê as tarefas domésticas e cuidados com o lar e a família, uma bênção ou um fardo?

2. Você acredita que é mais difícil achar contentamento em eventuais situações difíceis ou no cotidiano da família?

3. Você tem facilidade para notar pensamentos e sentimentos de ingratidão e murmuração? Como age quando eles aparecem?

ORAÇÃO

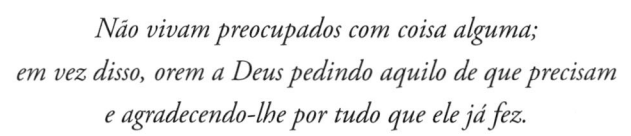

Não vivam preocupados com coisa alguma;
em vez disso, orem a Deus pedindo aquilo de que precisam
e agradecendo-lhe por tudo que ele já fez.

Filipenses 4:6

Na época em que me casei, meu marido era uma pessoa bem "esquentada"; perdia a paciência facilmente com situações diversas e cotidianas e esse era um motivo de constantes brigas entre nós. Dentro de casa não tínhamos tantos problemas, mas vivemos alguns momentos de estresse no trânsito ou com desconhecidos que me deixaram assustada com suas reações. Confesso que ficava mais braba do que preocupada; "como assim ele não vê que precisa mudar?" era o que passava pela minha cabeça.

Para ser justa, ele sabia sim que precisava mudar, e eventualmente, até buscava isso em Deus, mas não era completamente comprometido, portanto, acabava não amadurecendo nessa área. Não era boa terra para o fruto do Espírito crescer. Por outro lado, eu também não era muito diferente em meus próprios erros. Era mais crítica do que um suporte espiritual verdadeiro; minhas brigas estavam longe de ser admoestações amorosas.

Depois de alguns anos, decidi parar de querer produzir a justiça de Deus com base na minha ira (Tiago 1:20 já tinha me alertado sobre isso) e passei a me empenhar em orar para que Ele fizesse uma obra na vida do meu marido nesse aspecto do seu comportamento. Eu orava constantemente: "Deus, faz do meu marido um homem manso, calmo, cheio de domínio próprio".

Essa se tornou uma oração frequente. Havia dias em que eu desanimava profundamente em ver reações explosivas novamente; em outros dias essas situações apenas me impulsionavam ainda mais a permanecer em fé e intensificar minha intercessão. Sendo bem sincera, não me lembro detalhes do processo nem por quanto tempo orei diariamente ou quando as orações deixaram de ser tão frequentes. Mas sei que foram alguns anos e, em algum momento, elas cessaram. Uma coisa, porém, é certa: Deus estava agindo!

Passado um tempo, eu estava conversando com meu marido sobre o trabalho e ele me contou: "precisam de alguém para ir defender a empresa em um processo e o Luís disse 'manda o Geraldo que é o cara mais calmo', então acho que serei eu". Mais calmo? Como assim mais calmo? Foi a única que coisa que pensei. E, naquele momento, o Espírito Santo me trouxe à mente todas as orações que eu fizera pelo meu marido especificamente nessa área e me mostrou a obra que Ele estava fazendo em sua vida.

A proximidade dos relacionamentos familiares nos leva a enxergar facilmente os defeitos dos outros e as áreas de defasagem; o que geralmente cria atritos, cobranças e brigas. Mas e se nós optássemos por trocar as nossas indignações por orações? A Bíblia nos orienta a não andarmos ansiosos por nada, antes apresentarmos nossas petições a Deus, que realmente pode fazer algo em relação às situações. Creio que as dificuldades de nosso marido e filhos podem ser transformadas por Jesus e que, muitas delas, estão aguardando por alguém que se dedique a orar e interceder por essa ação sobrenatural.

Hoje, é claro que meu marido segue com seus desafios pessoais, assim como eu tenho os meus. E muitas vezes, ainda erro tentando produzir a justiça com as minhas reclamações iradas. Porém, em muitos outros momentos, tenho conseguido silenciar minha boca e orar em meu coração, levando a Deus meus sentimentos e pedindo que Ele produza a transformação necessária. Podemos colher bons frutos se decidirmos trocar a murmuração por oração! Que sejamos intercessoras que ajudam nossa família a alcançar a plenitude da maturidade de caráter em Cristo Jesus.

Querido Deus, dá-me sabedoria para reclamar menos e orar mais, sendo uma intercessora na vida da minha família. Creio no Teu poder transformador e te agradeço por isso!

Para refletir

1. Se fosse para nomear apenas uma área, o que mais incomoda você no comportamento do seu marido ou de seus filhos?

2. Como você tem vontade de reagir quando testemunha atitudes que lhe desagradam?

3. Você já orou em relação a isso pedindo ajuda a Deus? Você crê que Ele pode transformar essa situação?

LOUVOR

No momento em que começaram a cantar e louvar, o Senhor *trouxe confusão sobre os exércitos de Amom, Moabe e do monte Seir, e eles começaram a lutar entre si.*

2 Crônicas 20:22

Naquela ocasião do internamento da Ana Júlia, contei que fiquei mais de 40 minutos aguardando o resultado do exame de sangue que descartaria a leucemia e tentaria nos dar um diagnóstico. Nesse tempo, fiz algumas orações curtas, mas passei a maior parte do tempo cantando enquanto andava naquele quarto de hospital. Naquela hora, o que mais precisava era alimentar a minha fé relembrando a soberania de Deus e declarar no mundo espiritual essa convicção do meu espírito: as situações não mudam, e nem mudariam, o quanto o Senhor é digno de todo o louvor e adoração.

O louvor e a adoração têm um impacto, quando realmente nos concentramos no Senhor e direcionamos nosso coração a Ele enquanto cantamos. Nossa alma é aquietada enquanto relembra a grandeza e poder de nosso Pai! Deus não é um ser narcisista que depende da nossa adoração ou precisa de nossos elogios. A adoração serve para que nós mesmas reconheçamos quem Deus é em Sua grandeza e assim possamos ter a fé necessária para o relacionamento com Ele e para orar por Sua ação sobrenatural em nosso mundo natural.

Ele é digno de todo louvor e pensar sobre Sua grandeza invariavelmente nos leva a adorá-lo, mas em termos de disciplina espiritual, a atitude de permanente louvor muda a nossa relação com Ele e com as situações a nosso redor, honestamente, eu percebo que muda até mesmo o ambiente em que estamos. Em Salmo 22:3, a Bíblia diz que Deus habitava no meio dos louvores de Israel. Podemos aplicar esse texto em nossa vida, entendendo que a prática, com um coração sincero, traz o Senhor para mais perto de nós!

Como cristã, deveria ter o hábito de louvar mais a Deus, principalmente nas situações pequenas do dia a dia em que estou propensa a murmurar e a dar vazão à minha carne. Quando estamos arrumando a bagunça de nossos filhos, de novo, ou reorganizando o orçamento do mês que apertou; pensando novamente no que faremos para jantar ou mesmo lavando a louça pela sétima vez no dia; nosso coração pode se inclinar à amargura, entregar-se ao cansaço ou mesmo deixar de ver a bênção de Deus tão presente em nossos lares. No trabalho fora de casa, as coisas não são tão diferentes: prazos e metas, chefes grosseiros, relacionamentos desafiadores com colegas, tudo isso pode nos cegar para a provisão divina que temos por meio do nosso emprego.

São desafios tão comuns que não notamos o potencial que têm de afastar o nosso coração de uma vida devota e grata a Jesus. O louvor se torna um antídoto para esse veneno! Como murmurar quando fomos salvos pelo sangue de Jesus? Como reclamar diante de um Deus santo, justo e todo poderoso? Como buscar vingança contemplando o Soberano de todo o Universo? Adorar é tirar os olhos do nosso coração, desse mundo caído e atribulado e colocá-lo nos céus! Louve nos momentos bons e nos momentos ruins. E tenho certeza de que ficará surpresa como isso mudará sua maneira de encarar a vida.

Querido Deus, ensina-me a louvar-te e adorar-te nos momentos bons e nos momentos ruins. Que meu coração seja fortalecido por um sentimento permanente de gratidão ao Senhor.

Para refletir

1. Você tem o hábito de cantar músicas de louvor e adoração em seu dia a dia?

2. Você sente que louvar muda, de alguma forma, a sua atitude interior e suas emoções?

3. Acha que poderia incluir mais momentos de louvor e adoração na sua vida?

SERVIR

*...lembrando as palavras do Senhor Jesus,
que disse: "Há benção maior em dar que em receber".*

Atos 20:35

Pouco tempo depois que me converti, na minha adolescência, passei a me envolver com diversos departamentos e ministérios na igreja. Inclusive, mais tarde, fui contratada e uma das minhas atribuições era organizar um retiro que acontecia trimestralmente e era extremamente cansativo. Mesmo trabalhando muito e dormindo pouco, sempre voltava domingo à noite do evento cheia de alegria por tudo o que tinha acontecido no final de semana na vida de tantas pessoas.

Assim, praticamente em toda a minha vida cristã, estive habitualmente envolvida com ministério e serviço na igreja. Foram dezenas de finais de semana servindo em retiros e eventos, centenas de horas limpando banheiros, trabalhando em recepção, aconselhando pessoas. Algumas vezes, cansada antes de ir e querendo desistir, mas sempre, sempre mesmo, voltando para casa com o coração cheio de alegria pelo dever cumprido e o serviço aos santos.

Quando falo sobre isso, tenho a convicção de que é algo sem explicação racional ou lógica. Há dias em que tudo o que quero é desmarcar aquele aconselhamento, mas vou, faço de coração, ofereço ao Senhor e volto para casa satisfeita pelo cumprimento da obra de Deus e pelo privilégio de poder ter sido instrumento nas mãos dele. Na verdade, depois que me mudei para os Estados Unidos, passei por uma pequena crise exatamente por não ter mais essas atividades de serviço como tinha na igreja do Brasil. Chegando em uma igreja nova, demorei alguns meses para começar a abrir a porta na entrada do culto como primeira área de voluntariado. Foi uma mudança drástica e que me fez avaliar como amo servir ao Corpo de Cristo, mesmo que seja cansativo.

Certo final de ano, perguntei no Instagram o que as pessoas gostariam de fazer de diferente na época de Natal e uma seguidora comentou que gostaria de ter menos eventos, pois estava exausta.

Identifiquei-me com ela porque realmente é difícil dar conta de todas as confraternizações para os quais somos chamados, especialmente na igreja, onde queremos que as pessoas se sintam ainda mais acolhidas e amadas. Então, compartilhei um hábito que tinha nesses momentos de "não quero ir": eu pensava em como poderia impactar, de alguma forma, a vida de pessoas naquele evento. Isso se tornava uma oração e uma motivação, pois nunca sabemos o quanto alguém vai ser abençoado por um sorriso ou uma palavra nossa.

Trazer à mente à convicção de que podemos ser instrumentos do Senhor e coparticipantes de Sua obra na vida das pessoas deveria nos dar um novo gás em momentos de desânimo. E isso também vale para os serviços aos santos de nossa casa, o cuidado com nosso lar, marido e filhos. Perdemos a percepção do impacto que temos tido em nossa família porque estamos mais focadas em reclamar do trabalho do que refletir sobre seus resultados eternos e duradouros. E, aliás, muitas vezes prejudicamos esse resultado porque agimos com amargura em nosso coração; momentos que eram para ser boas memórias de uma mãe cuidadosa se tornam duras lembranças de uma mulher estressada e de pavio curto.

Comentava outro dia com a minha mãe sobre o quanto eu gostava de fazer nhoque. Essa é uma boa lembrança que tenho: nós duas, amassando batata com farinha, fazendo "minhocas" e cortando os quadradinhos. E ela lembrou que, na verdade, fazíamos nhoque em casa logo após ela ir à falência porque não tínhamos condições financeiras de comprar pronto. Para mim, as razões não importavam, mas sim a atitude positiva que ela tinha e todo afeto que fazia parte daquele momento.

Refleti certa vez, na internet, sobre o poder que as mães têm de mudar o mundo, mesmo com as tarefas cotidianas e pequenas. Quando pensamos em mudar o mundo por meio da maternidade, pensamos em quando ensinamos princípios e valores para nossos filhos: não jogue lixo no chão, não minta, não pegue o que não é seu, respeite os mais velhos, ajude os necessitados etc. Mas mesmo naquelas atitudes rotineiras, tão rotineiras que até cansam, temos a oportunidade de fazer um mundo melhor porque a mãe que nós somos, muito provavelmente, será o tipo de mãe que minha filha será. As atitudes com nossos filhos serão reproduzidas quando eles crescerem e se tornarem pais. Pais amorosos e principalmente, comprometidos com o Senhor terão mais chances de ver seus filhos crescerem como pessoas amorosas comprometidas com o Senhor.

Peça para o Senhor que abra os seus olhos para o valor eterno de tudo o que tem sido construído por meio das suas pequenas, e muitas vezes, chatas, tarefas do cotidiano. Há coisas que só a eternidade revelará!

Querido Deus, agradeço pelo privilégio de poder servir ao Senhor enquanto sirvo às pessoas. Que a esperança dos frutos dê um novo ânimo ao meu coração, mas que as motivações permaneçam sempre corretas para alegrar e honrar ao Senhor.

Para refletir

1. Você acha que o serviço que realiza na igreja tem mais valor eterno do que as tarefas dentro de sua casa? Por quê?

2. Como as atitudes no cotidiano do cuidado de sua casa, com seu marido e na criação de filhos podem ajudar a moldar o caráter de seus filhos?

3. Quais tarefas da maternidade você acha que são mais importantes do ponto de vista dos resultados eternos?

PROGRESSO

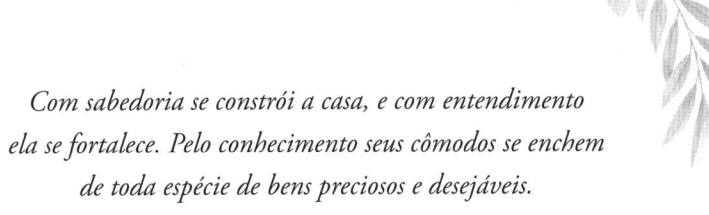

Com sabedoria se constrói a casa, e com entendimento ela se fortalece. Pelo conhecimento seus cômodos se enchem de toda espécie de bens preciosos e desejáveis.

Provérbios 24:3-4

Quando escrevo o capítulo de conclusão desse livro, completamos quase 4 meses morando em nossa casa nova. Na primeira semana, após pegar a chave com a construtora, fiz uma faxina e fomos trazendo os móveis aos poucos, assim como as roupas; o que nos permitiu uma organização mais tranquila das coisas principais. Mudamos efetivamente e os primeiros 10 dias ainda foram de muita arrumação e limpeza. Em alguns momentos, só queríamos que a mudança viesse da casa antiga e se organizasse sozinha pelos cômodos e armários. Porém, não é assim. Mudanças são processos e geram trabalho.

O mesmo princípio se aplica à nossa vida cristã, e a de todo mundo. Quando entregamos a chave do nosso coração a Jesus, Ele entra e começa o processo de mudança. Algumas coisas são jogadas para fora de imediato; as janelas também são abertas para a luz entrar e a vassoura na mão tira a principal sujeira. Mas, então, Ele vai aperfeiçoando um cômodo por vez; limpando cada cantinho encardido, mudando uma cosmovisão aqui, lapidando uma atitude acolá. De pouco em pouco, ou como diria Paulo, de glória em glória, a casa vai ficando pronta e cada dia melhor.

Existe uma obra sendo feita em nossa vida pelo Espírito Santo e nós temos nosso papel nela. Sempre há novos conhecimentos para se obter e aplicar com diligência e dedicação. A vida cristã é basicamente uma jornada rumo à perfeição, em busca do desenvolvimento pleno do caráter de Cristo em nós.

Acredito que, em nossas mãos, está a responsabilidade de buscar compreender e viver a Palavra de Deus para que nossa casa, nosso casamento, filhos e família possam ser repletas das bênçãos do Senhor, de relacionamentos baseados em amor, na manifestação do fruto do Espírito; como a figura de linguagem usada no versículo acima de Provérbios. Devemos buscar não só construir nossa casa, mas também de enchê-la de bens preciosos e desejáveis.

Assim como a minha mudança, quando tudo o que trouxemos já estava no lugar, notamos o que ainda precisávamos comprar de mobília, decoração e, até mesmo, produtos de limpeza específicos. Sei que, enquanto estivermos aqui, novas necessidades aparecerão: um móvel que não está muito bem-posicionado, uma prateleira que ainda está faltando, uma parede que precisa pintar novamente; sempre haverá ajustes a fazer. E, se não forem mudanças essenciais, ainda assim poderemos nos deparar com novas ideias de decoração ou mesmo com a necessidade de adaptar alguns cômodos para novas fases da vida.

Nossa vida cristã não é fim, é a jornada! E nessa jornada, buscamos crescer e caminhar rumo à perfeição, como Paulo disse em Filipenses 3; essa é nossa motivação diária e nosso compromisso com Aquele que merece todo nosso empenho. Faça a sua parte, mas seja paciente no processo de Jesus arrumar o seu coração, e, também, o coração dos outros. Creio que Aquele que começou a boa obra em cada um de nós é poderoso para completá-la até o dia de Cristo Jesus. Tão somente vivamos de maneira coerente com o que já alcançamos (Filipenses 3:16)

*Querido Deus, obrigada por tudo que aprendi
e aonde cheguei até o momento. Quero continuar prosseguindo
rumo à perfeição em Cristo sabendo, pacientemente,
que o Senhor está no controle. Ajuda-me e seja
o meu guia nessa jornada!*

Para refletir

1. Você consegue ser paciente com seus erros ou com o de outros cristãos com quem convive?

2. Quais são as atitudes que você gostaria de mudar em sua vida, mas eventualmente ainda tropeça?

3. Como você acha que Deus vê seus erros: com dedos de acusação ou mãos de perdão? Por quê?